Von dieser Sammlung erschienen folgende Bändchen:

I. Zivilsachen:	Bd. 76—100		. . . je	RM.	0.80
	„ 101—140		. . . je	RM.	1.—
	„ 141—155		. . . je	RM.	2.—
Serien:	„ 76—155	mit 3 Reg.	zus.	RM.	76.—
	„ 81—155	83—119 120—130	zus.	RM.	71.—
	„ 91—155	131—140	zus.	RM.	61.—
	„ 101—155		zus.	RM.	53.—
	„ 111—155		zus.	RM.	43.—
	„ 121—155	mit 4 Reg.	zus.	RM.	33.—
	„ 131—155	mit 4 Reg.	zus.	RM.	28.—
Gesamtregister zu	Bd. 83—119		. . . .	RM.	6.—
Gesamtregister zu	Bd. 120—130		. . . .	RM.	1.80
Gesamtregister zu	Bd. 131—140		. . . .	RM	1.50
Gesamtregister zu	Bd. 141—150		. . . .	RM.	1 50
II. Strafsachen:	Bd. 45—55		. . . je	RM.	0.80
	„ 56—64		. . . je	RM.	1.—
	„ 65—72		. . . je	RM.	2.—

Serie: Bd. 45—72 mit Ges.-Reg. zu Bd. 45—60 zus. RM. 29.—

Gesamtregister zu Band 45—60 . . . . RM. 3.70

Jedes Bändchen entspricht einem Bande der amtlichen Sammlung.

1. Ernährungswirtschaft. Bienenzucht. Gemeinschädliche Sachbeschädigung. Notwehr. Notstand. (StGB. §§ 53, 54, 304; BGB. §§ 227, 228.) Ein Bienenzüchter fütterte in seinem Bienenstand Bienen anderer Züchter mit giftiger Zuckerlösung; zahlreiche Bienenvölker wurden dadurch vernichtet. Er wurde wegen gemeinschädlicher Sachbeschädigung verurteilt. Seine Revision hatte keinen Erfolg. Bienen kommen als Gegenstände, die dem öffentlichen Nutzen dienen, in doppelter Beziehung in Betracht: einerseits für die Befruchtung der Blüten, besonders der Obstbäume und der Ölsaaten, andererseits als Erzeuger von Honig und Wachs. Sie sind auch für diesen Zweck bestimmt, wenn sie planmäßig gezüchtet werden. Ihr Nutzen kommt der Volksgemeinschaft jedenfalls in ihrer ersten Tätigkeit unmittelbar zugute, mag auch hinsichtlich der Versorgung des deutschen Volkes mit Wachs und Honig eine Mitwirkung der Eigentümer notwendig sein. Die Imkerei ist als Teil der Landwirtschaft anerkannt; diese hat die Aufgabe, die Ernährung des deutschen Volkes sicher zu stellen. Eingriffe in die Grundlagen der Ernährungswirtschaft, welche diese fühlbar beeinträchtigen, haben als Schädigung der Volksgemeinschaft zu gelten. Auf Notwehr konnte sich der Angeklagte nicht berufen, weil der Angriff nicht von einem Menschen ausging. Auch Notstand lag nicht vor, da der Angeklagte die Räubereien fremder Bienen hätte vermeiden können, wenn er seine Bienen in den Stöcken gefüttert hätte. (IV, 12. November 1937.) Amtl. Sammlg. S. 1—4.

Vgl. Bd. 58 S. 348; Bd. 66 S. 204.

2. Devisenrecht. Straffreiheit. Gesetzesauslegung. (Dev.-StrafFreihG. vom 15. Dezember 1936.) Nach dem Gesetz über die Gewährung von Straffreiheit bei Devisenzuwiderhandlungen genügt es für die Erwirkung der Straffreiheit nicht, wenn schon vor dem Inkrafttreten des Gesetzes (16. Dezember 1936) der Devisenstelle Vermögenswerte, die im Ausland stehen, angeboten worden sind, ebensowenig, wenn das Angebot erst nach der Einleitung eines Strafverfahrens erfolgt. Es reicht auch ein nur teilweises Angebot nicht aus, um eine strafbefreiende Wirkung zu üben. Aus der Untersuchungshaft hatte der Angeklagte in einem Schreiben vom 29. Januar 1937 der Devisenstelle der Reichsbank eine Auslandsforderung angeboten; eingelaufen war dieses Schreiben bei der Reichsbank erst am 2. Februar. Die Frist für solche Angebote war am 31. Januar abgelaufen. Daß durch ein Gesetz Straffreiheit begründet wird, ist gegenüber dem regelmäßigen Gang der Strafrechtspflege eine Ausnahme. Die Vorschriften eines solchen Gesetzes sind daher eng auszulegen. (II, 29. November 1937.)

Amtl. Sammlg. S. 4—6.

Vgl. Bd. 53 S. 324; Bd. 56 S. 49; Bd. 66 S. 76; Bd. 71 S. 259.

3. **Schlachtsteuerhinterziehung. Steuerpflichtiges Erzeugnis. Verbrauchssteuer. Einziehung.** (RAbgO. §§ 121, 401; SchlachtstG. §§ 2, 9.) Gegen die Einziehung des Fleisches, das aus nichtversteuerten Schlachtungen stammte, oder die Anordnung des Wertersatzes wurde eingewendet, daß nach dem Wortlaut des Schlachtsteuergesetzes nicht das Fleisch der geschlachteten Tiere steuerpflichtig ist, sondern die Schlachtung als solche; darum habe auch der Untergang des Fleisches nach der Schlachtung keinen Einfluß auf die Steuerschuld und sei im § 2 SchlachtStG. ausdrücklich angeordnet, daß das aus der Schlachtung gewonnene Fleisch für die Steuer hafte, was nicht notwendig gewesen wäre, wenn das Fleisch als steuerpflichtiges Erzeugnis in Betracht käme. Das Reichsgericht hielt gleichwohl an seiner bisherigen Rechtsprechung fest, wonach die Einziehung des Fleisches bei Schlachtsteuerhinterziehung zulässig ist. Die Schlachtsteuer ist eine Verbrauchssteuer. Verbrauchssteuern wollen den Verbrauch gewisser Gegenstände steuerlich erfassen. Sie wollen den Verbraucher treffen; da dies aber vielfach nicht möglich oder nicht zweckmäßig ist, werden sie regelmäßig an Stellen erhoben, an denen der steuerpflichtige Gegenstand vor der Verteilung an die Verbraucher in größeren Mengen vorhanden ist und darum leichter erfaßt werden kann. Aus diesem Grunde wird auch die Schlachtsteuer schon bei der Schlachtung erhoben, durch die der steuerpflichtige Gegenstand gewonnen wird. Von der Besteuerung ist nur solches Fleisch ausgenommen, das nicht für den inländischen Gebrauch bestimmt ist. Nach dem Schlachtsteuerausgleichgesetz unterliegt dieser Steuer unmittelbar das Fleisch, das in das Zollinland eingeführt wird; es liegt nahe, auch das Schlachtsteuergesetz so aus-

zulegen. Ausdrücklich hob das Reichsgericht hervor, daß dem Fleisch auch das Fett mit Rücksicht auf seinen natürlichen Zustand, in dem es sich alsbald nach der Schlachtung und vor der Verarbeitung befindet, gleichzuachten ist. (II, 29. November 1937.) Amtl. Sammlg. S. 6—13.

Vgl. Bd. 71 S. 92.

4. Devisenrecht. Volksverrat. Tätige Reue. Straffreiheit. Anbietungspflicht. Fortgesetzte Handlung. Tateinheit. Dauerstraftat. Straflose Nachtat. Selbstanzeige. (DevVO. 1932 §§ 33, 36; DevStrafFreihG. vom 15. Dezember 1936; VolksVerrG. §§ 1, 8; StAnpG. Abschn. III.) Die Geschäftsführerin einer Genossenschaft verschob in den Jahren 1933 und 1934 fortgesetzt Kapital nach Holland. Am 24. Dezember 1934 brachte sie bei der zuständigen Devisenstelle Schuldverschreibungen im Nennbetrag von 99000 holländischen Gulden als Besitz der Genossenschaft zur Anzeige. Das konnte ihre Bestrafung nicht abwenden, da eine fortgesetzte Handlung anzunehmen war, die sich über den im Steueranpassungsgesetz festgelegten Stichtag (17. Oktober 1934) hinaus erstreckte. Innerhalb einer fortgesetzten Handlung sind die in ihr enthaltenen Einzelhandlungen der Selbständigkeit entkleidet, so daß gewissermaßen nur eine einzige Handlung vorliegt. Die Ausnahmevergünstigung der Straffreiheit kann dem nicht zugute kommen, der noch im Zeitpunkt des Inkrafttretens des Gesetzes und darüber hinaus an dem Willen festhält, durch verbrecherisches Tun den Verrat gegen die deutsche Volkswirtschaft fortzusetzen, und diesen Willen auch weiter verwirklicht. Wer so handelt, zeigt keine tätige Reue und kann für die vor dem Stichtag liegenden Handlungen keine Straffreiheit beanspruchen. Die Anzeige reichte auch nicht hin, die gesetzliche Anbietungspflicht zu erfüllen; sie galt wohl als Anbietung, aber die Frist für diese (3 Tage nach dem Erwerb) war schon verstrichen. Das Landgericht hatte angenommen, daß die Verletzung der Devisenverordnung möglicherweise mit einem Verbrechen gegen das Volksverratsgesetz in Tateinheit stehe, und hatte wegen der dann gegebenen Zuständigkeit des Sondergerichts das bei ihm anhängige Verfahren insoweit eingestellt. Diese Annahme erklärte das Reichsgericht für irrig. Mit dem Ablauf der Anbietungsfrist war das Vorgehen gegen die Devisenverordnung vollendet. Durch das Volksverratsgesetz wurde eine neue, ganz selbständige Verpflichtung zur Anzeige der Devisen begründet. Nach Zweck, Umfang und Inhalt handelt es sich hier um einen ganz anderen Tatbestand als bei der devisenrechtlichen Anbietungspflicht. Auch die Fristen sind ganz verschieden. Die Anzeigepflicht nach dem Volksverratsgesetz hat überhaupt nicht notwendig zur Voraussetzung, daß der Anzeigepflichtige eine vorsätzliche oder fahrlässige Devisenzuwiderhandlung begangen hat. Daß die Anzeige zugleich als Anbietung gilt und durch Erfüllung der Anzeigepflicht auch Straffreiheit für die Verletzung der Anbietungspflicht erlangt werden kann, ändert hieran nichts. Demnach lag weder Gesetzeseinheit noch Tateinheit, sondern Tatmehrheit vor. Das Landgericht hatte es dahingestellt gelassen, ob die Verletzung der Anbietungspflicht nur eine straflose Nachtat zu der Geldverbringung war oder nicht. Das Reichsgericht verneinte das. Der Täter beschränkt sich, wenn er die Anbietung unterläßt, nicht auf die Verwertung und Ausbeutung des schon Erlangten. Die Vorschriften über die Anbietungspflicht dienen devisentechnischen Zwecken; sie sollen der Reichsbank die Übersicht über den ganzen verfügbaren Devisenbestand verschaffen und ihr die Möglichkeit geben, den Devisenvorrat entsprechend den Belangen der Volkswirtschaft zu verwalten. Das Unterlassen der Anbietung vereitelt diesen Erfolg und schädigt damit selbständig die Devisenbewirtschaftung. Eine Straflosigkeit kann auch nicht daraus hergeleitet werden, daß die Angeklagte durch das Anbieten ihre vorangegangenen Verfehlungen hätte offenbaren müssen. Ein allgemeiner Rechtsgrundsatz, wonach niemand zugemutet werden kann, gegen sich selbst Anzeige zu erstatten und sich der Gefahr strafrechtlicher Verfolgung auszusetzen, besteht nicht; er gilt jedenfalls nicht auf dem Gebiete des Devisenrechts. (II, 29. November 1937.)

Amtl. Sammlg. S. 13—18.

Vgl. Bd. 16 S. 290; Bd. 45 S. 97; Bd. 54 S. 318; Bd. 68 S. 315; JW. 1933 S. 2841; 1937 S. 759.

5. Kuppelei. Notstand. Zwangslage. (StGB. §§ 54, 181.) Ein Ehemann, der den unzüchtigen Verkehr seiner Frau mit anderen Männern geduldet hatte und deshalb angeklagt wurde, berief sich darauf, daß seine Frau ihm gedroht hatte, ihn wegen eines früher begangenen Verbrechens zur Anzeige zu bringen. Durch diese Drohung wurde wohl eine gewisse Zwangslage, aber kein Notstand begründet, der den Angeklagten straffrei machen konnte. Der Angeklagte mußte gegen das unzüchtige Treiben seiner Frau einschreiten auch auf die Gefahr hin, daß sie ihre Drohung wahr machte; er mußte eben dann die Sühne für seine frühere Tat auf sich nehmen und durfte sich nicht hiegegen dadurch sichern, daß er eine weitere Straftat beging (I, 19. Oktober 1937.)

Amtl. Sammlg. S. 19--20.
Vgl. Bd. 58 S. 97, 226.

6. Beihilfe zum Meineid. Unterlassung. Zwangslage. Begünstigung. (StGB. §§ 49, 54, 153, 257; ZPO. § 138.) Eine Arbeiterfrau hatte sich mit einem jungen Burschen in ein ehebrecherisches Verhältnis eingelassen und strebte die Scheidung ihrer Ehe an. In dem Armenrechtsverfahren, das der Klage voranging, verabredete sie mit ihrem Geliebten, daß dieser die Beziehungen, die zwischen ihnen bestanden, verschweigen solle; das tat er auch. Als dann das Scheidungsverfahren eingeleitet war und der Geliebte als Zeuge vorgeladen wurde, äußerte sie zu ihm, man könne vor dem Landgericht nichts anderes sagen, als man vor dem Amtsgericht gesagt hatte. Als sie gemeinsam zum Landgericht gingen, warnte sie ihn allerdings, eine falsche Aussage zu beschwören, und erklärte, daß sie ihn daran hindern würde. Er wiederholte gleichwohl seine falsche Aussage auf Eid; sie war dabei zugegen, widersprach aber nicht. Die Verurteilung der Frau wegen Beihilfe zum Meineid wurde vom Reichsgericht nicht bestätigt. Das Schwurgericht hatte festgestellt, daß der Geliebte der Angeklagten den Entschluß, seine falsche Aussage zu beschwören, ohne Beeinflussung durch die Angeklagte vollständig allein gefaßt habe, weil er sich ihr gegenüber dazu für verpflichtet hielt; mit Beziehung auf diesen Entschluß war also sowohl eine Anstiftung als auch eine Beihilfe der Angeklagten zu verneinen. Die Verurteilung der Angeklagten hatte das Schwurgericht damit begründet, daß sie unterlassen hatte, ein Hindernis für den Meineid ihres Geliebten zu schaffen, obwohl sie dazu verpflichtet gewesen wäre. Eine solche Verpflichtung hatte das Schwurgericht schon aus der Wahrheitspflicht der Parteien eines bürgerlichen Rechtsstreits hergeleitet und diese Wahrheitspflicht soweit ausgedehnt, daß die Angeklagte auch eine strafbare Handlung hätte offenbaren müssen, die sie früher begangen hatte. Dagegen äußerte das Reichsgericht Bedenken, nahm aber nicht abschließend Stellung, weil sich eine Rechtspflicht zum Handeln für die Angeklagte aus einem anderen Grunde ergab. Sie hatte ihren Geliebten im Armenrechtsverfahren zur Angabe der Unwahrheit veranlaßt und in seinem Entschluß später verstärkt; vor allem aber hatte sie ihn so stark in ein ehebrecherisches Verhältnis an sich gezogen, daß er nun alles für sie zu tun bereit war. Damit hatte sie eine Gefahr geschaffen, daß er seine unwahren Angaben bei der entscheidenden Vernehmung aufrecht erhalte und auch beschwöre. Die Pflicht, die schädlichen Folgen einer selbstgeschaffenen Gefahr abzuwenden, wurde auch nicht dadurch beeinträchtigt, daß sie nur zu erfüllen gewesen wäre, wenn die Angeklagte sich selbst einem Strafverfahren wegen Ehebruch ausgesetzt hätte. Die Rechtsordnung muß verlangen, daß man, wenigstens in der Regel, eher die Sühne für begangenes eigenes Unrecht auf sich nimmt, als tatenlos neues Unrecht von einem anderen Volksgenossen begehen zu lassen, das man in seinem Ursprung schon selbst gefördert hat. Die Begünstigung eines Angehörigen und die Selbstbegünstigung sind nur als solche straflos; dadurch wird aber nicht die Strafbarkeit einer neuen Handlung beseitigt, die zu diesem Zweck begangen wird. Der äußere Tatbestand einer Beihilfe der Angeklagten zu dem Meineid ihres Geliebten war hienach gegeben. Er wurde auch nicht dadurch beeinflußt, daß die Angeklagte ihren Geliebten gewarnt hatte, seine falsche Aussage zu beschwören; denn diese Warnung war erfolglos geblieben. Dagegen fehlten ausreichende Feststellungen über den inneren Tatbestand. Zu diesem gehört bei der strafbaren Beihilfe das Bewußtsein des Gehilfen, durch sein Verhalten das Vorhaben des Haupttäters zu fördern. Es war nicht festgestellt und durchaus nicht selbstverständlich, daß die Angeklagte die ganze Sachlage richtig übersah und sich bewußt war, den Meineid ihres Geliebten zu fördern, obwohl sie ihn davor gewarnt hatte. Dabei war auch zu beachten, daß die Angeklagte eine einfache, unerfahrene Frau war, die zum erstenmal mit dem Gericht zu tun hatte. Die Sache wurde zurückverwiesen. (I, 30. November 1937.)

Amtl. Sammlg. S. 24—24.
Vgl. Bd. 68 S. 104; Bd. 70 S. 82; Bd. 72 S. 17, 19; JW. 1937 S. 3150.

7. **Verjährung. Straffreiheit. Fortgesetzte Handlung. Zusammenhang.** (StGB. §§ 47, 67, 175; StrafFreihG. vom 7. Aug. 1934 § 2; StPO. §§ 3, 357.) C. und M. wurden wegen widernatürlicher Unzucht, die sie mehrere Jahre hindurch, zum Teil miteinander, getrieben hatten, zu Gefängnisstrafen verurteilt. Auf die Revision des C. wurde das Urteil gegen beide Angeklagten aufgehoben und die Sache zurückverwiesen. Bei beiden waren fortgesetzte Handlungen angenommen worden; das war schon deshalb rechtsirrtümlich, weil die Handlungen mit verschiedenen Männern begangen worden waren. Die Frage, ob eine Strafverfolgung durch das Straffreiheitsgesetz vom 7. August 1934 niedergeschlagen wurde, war grundsätzlich von der Lage aus zu beurteilen, die am 10. August 1934 bestand. Demgemäß waren vei der Entscheidung dieser Frage auch die Taten zu berücksichtigen, deren Strafverfolgung zwar am 23. Februar 1937 (erste richterliche Handlung) schon verjährt, am 10. August 1934 aber noch nicht verjährt waren. Erst soweit hienach keine Straffreiheit eintrat, kam in Frage, wieweit die Handlungen am 23. Februar 1937 verjährt waren. Das Urteil wurde auch in der Richtung gegen M aufgehoben, weil zwischen den Handlungen beider Angeklagten ein Zusammenhang bestand. Der Zusammenhang ergab sich daraus, daß die beiden auch miteinander Unzucht getrieben hatten. Sie waren hiebei zwar nicht Mittäter gewesen, aber Täter an derselben Handlung im Sinne des § 3 StPO. Nachdem die Strafkammer alle unzüchtigen Handlungen des M. zu einer fortgesetzten Tat zusammengezogen hatte, mußte sich die Aufhebung auf das ganze Urteil erstrecken. Auf Grund der künftigen Verhandlung durfte das Landgericht M. im Endergebnis keinesfalls schlechter stellen, als sie ihn in dem nur von C. angefochtenen Urteil gestellt hatte. (V, 6. Dezember 1937.) Amtl Sammlg. S. 24—26.

Vgl. Bd. 70 S. 231.

8. **Molkereibetrieb. Gewerbevergehen. Vertreter. Vorwissen. Bedingter Vorsatz. Polizeiliche Vorschrift.** (GewO.

§ 151; MilchG. §§ 6, 7.) Eine G.m.b.H. betrieb eine Molkerei und war mit ihrem Kapital auch an einer Lebensmittelhandlung beteiligt; ihr Geschäftsführer war auch Geschäftsführer der Lebensmittelhandlung. Sowohl für die Molkerei als für die Lebensmittelhandlung hatte er besondere Leiter angestellt. Im Molkereibetriebe kamen mehrfach Verstöße gegen das Milchgesetz vor; insbesondere befanden sich die Räume, in denen die Milch behandelt wurde, und die Geräte nicht in vorschriftsmäßigem Zustand. Das Landgericht hatte festgestellt, daß der Geschäftsführer mit diesem Zustand gerechnet, es aber pflichtwidrig unterlassen habe, die nötigen Arbeitskräfte anzustellen, vielmehr den Zustand, wie er ihn vorgefunden hatte, in Kauf genommen, also mit bedingtem Vorsatz gegen das Milchgesetz verstoßen habe. Einer nachteiligen Beeinflussung ist die Milch schon dann ausgesetzt, wenn infolge der Art und Weise der Behandlung ein Zustand unmittelbarer Gefährdung besteht, d. h. wenn es infolge der Behandlung naheliegt, daß die Milch verschmutzt oder mit schädlichen Keimen durchsetzt oder in anderer Weise beeinträchtigt wird. Daß der bedingte Vorsatz des Angeklagten diesen Gefährdungszustand mitumfaßte, ging aus dem Urteil deutlich hervor. Der Angeklagte hatte sich darauf berufen, daß der von ihm eingesetzte Leiter des Molkereibetriebs an erster Stelle verantwortlich sei und daß er selbst erst dann wegen vorsätzlichen Handelns bestraft werden könne, wenn der Tatbestand mit seinem Vorwissen verwirklicht worden sei. Der Begriff „mit Vorwissen" umfaßt aber auch ein bedingtes Vorwissen (einen bedingten Vorsatz); er bedeutet soviel wie der Ausdruck „wissentlich". § 151 GewO. stellt keine besondere Strafnorm für den Gewerbetreibenden auf, setzt vielmehr seine Strafbarkeit auf Grund allgemeiner Strafrechtsvorschriften voraus; diese allgemeine strafrechtliche Verantwortlichkeit schränkt er unter der Voraussetzung, daß eine Person zur Leitung oder Beaufsichtigung des Betriebs bestellt wurde und diese bei der Ausübung des Gewerbes polizeiliche Vorschriften übertreten hat, dahin ein, daß der Gewerbetreibende neben dem Beauftragten für fahrlässiges Handeln nur unter gewissen Voraussetzungen strafbar sein soll, immer aber dann, wenn die Vorschriften mit seinem Vorwissen verletzt worden sind. Vorsätzliches Geschehenlassen der Verletzung der Polizeivorschrift ist in jeder Form strafbar. Unter polizeilichen Vorschriften im Sinne dieser Bestimmung sind auch solche außerhalb der Gewerbeordnung zu verstehen, die der Gewerbetreibende nach Reichs- oder Landesrecht bei der Ausübung des Gewerbes zu beobachten hat, also auch die gesundheitspolizeilichen Vorschriften des Milchgesetzes. (IV, 7. Dezember 1937.)

Amtl. Sammlg. S. 26—30.

Vgl. Bd. 24 S. 293; Bd. 33 S. 261; Bd. 45 S. 398; Bd. 50 S. 8; Bd. 58 S. 130; JW. 1930 S. 2427.

9. **Falsche Namensangabe. Zuständiger Beamter.** (StGB. § 360 Nr. 8.) Gegenüber einem gerichtlichen Urkundsbeamten und gegenüber dem Vorsitzenden der Beschwerdekammer wurde ein falscher Name angegeben. Die Verurteilung wegen falscher Namensangabe wurde bestätigt. Als zuständiger Beamter im Sinne dieser Strafvorschrift ist ein Beamter anzusehen, der das hoheitliche Recht hat, nach dem Namen zu fragen, so daß die Angabe eines falschen Namens als Eingriff in die staatlichen Hoheitsrechte erscheint. Diese Voraussetzungen waren gegeben. Nicht notwendig ist, daß der Beamte auch das Recht haben muß, auf seinem Verlangen zu bestehen, wenn der Täter die Namensnennung verweigert, und etwa gegebene gesetzliche Zwangsmittel anzuwenden. (V, 9. Dezember 1937.) Amtl. Sammlg. S. 30—31.

Vgl. Bd. 17 S. 224; Bd. 40 S. 201.

10. **Kraftfahrzeug. Fahrtrichtungsanzeiger.** (StrVerkO. § 22.) An einem Kraftwagen stand der linke Fahrtrichtungsanzeiger in einem Winkel von etwa 30° seitwärts heraus. Ein entgegenkommender Radfahrer wurde dadurch zu der Annahme verleitet, der Kraftwagenführer wolle in eine nach links abzweigende Seitenstraße einbiegen. Um ihn daran nicht zu hindern, machte er eine Schwenkung und geriet dadurch in die Fahrbahn des geradeaus weiterfahrenden Kraftwagens; er wurde überfahren und tödlich verletzt. Das Landgericht stützte die Verurteilung wegen fahrlässiger Tötung darauf, daß der Fahrtrichtungszeiger nicht ganz ausgeschaltet war und daß dies vom Führersitz aus nicht festgestellt werden konnte; es war der Auffassung, daß der Angeklagte Spiegel oder sonstige Vorrichtungen hätte anbringen müssen, um die Stellung des Fahrtrichtungsanzeigers in jeder Lage

überprüfen zu können. Dieser Auffassung trat das Reichsgericht nicht bei. Es muß genügen, daß der Kraftwagenführer von seinem Sitz aus unmittelbar oder mittelbar mit dem Auge wahrnehmen kann, ob der Fahrtrichtungsanzeiger eingeschaltet ist oder nicht; nicht wird verlangt, daß er auch sehen kann, ob ein ausgeschalteter Fahrtrichtungsanzeiger vollständig in die Hülse zurückgefallen ist. Dagegen war daran festzuhalten, daß sich das Fahrzeug des Angeklagten infolge der Störung des Fahrtrichtungsanzeigers nicht in vorschriftsmäßigem Zustand befand. Wenn auch die Anbringung von Fahrtrichtungsanzeigern nicht zwingend vorgeschrieben ist, müssen sie doch, wenn sie vorhanden sind, in Ordnung sein. Ist das nicht der Fall, so handelt der Kraftfahrer fahrlässig, wenn er trotz Kenntnis oder schuldhafter Nichtkenntnis des Mangels das Fahrzeug im Verkehr benutzt. Das war noch zu prüfen. Dabei konnte es von Bedeutung sein, ob der Angeklagte nicht schon aus dem Geräusch des zurückfallenden Fahrtrichtungsanzeigers erkennen konnte, daß eine Störung vorlag, oder ob er darauf aufmerksam gemacht worden war. (V, 9. Dezember 1937.)

Amtl. Sammlg. S. 31—33.

11. Bannbruch. Wertersatz. Straffreiheit. (VZG. §§ 134, 154, 155, 156; StrafFreihG. vom 20. Dez. 1932 §§ 5, 7.) Das Reichsgericht vertrat früher die Auffassung, daß die Einziehung in § 134 VZG. zwar eine Vermögensstrafe, aber keine Geldstrafe sei und darum der Bannbruch, der nur mit Einziehung bedroht ist, nicht unter das Straffreiheitgesetz falle, da dieses sich nur auf Straftaten beziehe, die mit Freiheitstrafe oder Geldstrafe bedroht seien. Hieran hielt das Reichsgericht nicht mehr fest. Die frühere Entscheidung erging unter der Herrschaft der Straffreiheitverordnung vom 3. Dez. 1918; diese machte die Straffreiheit davon abhängig, ob die Tat mit Freiheitstrafe bis zu einem Jahr oder mit Geldstrafe oder mit Nebenstrafen bedroht war. Als eine solche Tat war der Bannbruch, der an erster Stelle mit Einziehung als Hauptstrafe bedroht ist, nicht anzusehen. Nach dem Straffreiheitgesetz vom 20. Dez. 1932 wie auch nach dem Straffreiheitgesetz vom 7. August 1934 tritt dagegen Straffreiheit ein, wenn keine schwerere Strafe als Geldstrafe bis zu 1000 *RM*, oder Freiheitstrafe bis zu 6 Monaten, allein oder nebeneinander, zu erwarten ist. Nicht Einziehung, sondern Geldstrafe, nämlich Wertersatz, ist aber beim Bannbruch zu erwarten, wenn die Einziehung nicht selbst vollzogen werden kann. Die Wertersatzstrafe ist zwar keine Geldstrafe im engeren Sinne, da sie nicht für den Fall der Uneinbringlichkeit in eine Freiheitstrafe umgewandelt werden kann, wohl aber eine Geldstrafe im weiteren Sinne, da sie eine Geldzahlung zum Inhalt hat. Solche Strafen sind noch milder als die Geldstrafen im engeren Sinne. Daß sie von der Straffreiheit ausgeschlossen sein sollen, kann weder dem Wortlaut noch dem Sinne der Straffreiheitgesetze entnommen werden. (V, 13. Dezember 1937.)

Amtl. Sammlg. S. 33—36.

Vgl. Bd. 22 S. 9; Bd. 54 S. 58; Bd. 67 S. 204.

12. **Devisenrecht. Nachträgliche Genehmigung. Bedingter Vorsatz.** (DevG. 1935 §§ 11, 17, 42.) Ein Notar zahlte an die Gerichtskasse des Amtsgerichts einen Betrag von 412 *RM* ein und erreichte dadurch, daß der ausländischen Kostenschuldnerin ein Erbschein ausgestellt und dem Grundbuchamt zugeleitet wurde, das darauf die beantragte Eigentumsänderung in das Grundbuch eintragen konnte; bei der Einzahlung hatte er sich die Genehmigung der Devisenstelle vorbehalten. In einem anderen Falle hatte der Notar gelegentlich der Veräußerung eines Grundstücks, das einem Devisenausländer gehört hatte, Teile des Kaufgeldes zu treuen Händen übertragen erhalten und hieraus einen Hypothekengläubiger auf dessen Verlangen befriedigt. Er wurde wegen zweier Vergehen gegen das Devisengesetz von 1935 verurteilt. Das Reichsgericht verwies die Sache zurück. Das Landgericht hatte den Antrag, das Verfahren bis zur Entschließung der Devisenstelle auszusetzen, abgelehnt. Das konnte nicht mit Revision angefochten werden, da eine Aussetzungspflicht nicht bestand. Die Entscheidung der Devisenstelle, ob eine genehmigungspflichtige Handlung in Frage steht oder nicht, ist für das Gericht nicht bindend. Durch eine nachträgliche Genehmigung wird auch die Strafbarkeit einer schon vollendeten Devisenzuwiderhandlung nicht beseitigt. In der Zahlung der Gerichtskosten hatte das Landgericht eine verbotswidrige Aushändigung inländischer Zahlungsmittel an einen Inländer zugunsten der ausländischen Erben gefunden. Dafür reichten die Feststellungen nicht

aus. Der Angeklagte hatte ausdrücklich auf die Notwendigkeit der devisenrechtlichen Genehmigung hingewiesen. Ein solcher Vorbehalt schließt allerdings eine Verurteilung aus § 11 Abs. 1 DevG. nicht aus. Im vorliegenden Falle kam aber in Betracht, daß die Zahlung an die Gerichtskasse erfolgte und daß ohne erkennbare Anhaltspunkte dafür, daß diese das Geld trotz Kenntnis der Genehmigungspflicht ohne Genehmigung für die Ausländer verwenden werde, eine Aushändigung zugunsten der Ausländer schon dem äußeren Sachverhalt nach nicht nachgewiesen war. Für die Erteilung des Erbscheins reichte auch die Sicherstellung der Kosten aus. Wenn mit der Zahlung der 412 *RM* nur eine solche bezweckt war, blieb die Kostenschuld der ausländischen Erben unberührt und diese wurden durch die Zahlung nicht begünstigt. Die Sachlage wäre anders gewesen, wenn der gezahlte Betrag zur alsbaldigen Tilgung der Kostenschuld hätte verwandt werden sollen. Das war noch aufzuklären. Eine Zuwiderhandlung gegen die §§ 42, 17 DevG. lag auch dann vor, wenn durch die Aushändigung des Geldes an die Gerichtskasse die Forderung der ausländischen Erben an den Angeklagten verändert wurde. Wenn in dem Urteil allgemein von einem Auftragsverhältnis des Angeklagten zu den ausländischen Erben die Rede war, ließ sich daraus noch nicht entnehmen, inwiefern auch die Einzahlung der Kosten durch dieses Verhältnis gedeckt war, zumal sie aus dem Rahmen der Aufgaben herausfiel, die nach den Vertragsbedingungen dem Notar zugedacht waren. Im zweiten Falle war in dem vom Angeklagten beurkundeten Kaufvertrage bestimmt, daß bis zur Löschung der Hypothek der Hypothekenbrief zu treuen Händen bei dem Angeklagten hinterlegt bleiben sollte; der gleichfalls bei ihm hinterlegte Teil des Kaufpreises sollte vor allem zur Tilgung der Hypothek verwandt werden. Insoweit hatte der ausländische Verkäufer keinen Anspruch auf den Kaufpreis. Die Vereinbarung bezweckte, die Belange des Erwerbers des Grundstücks als des dinglichen Schuldners zu sichern. Trotzdem lag in ihr zugleich die Aushändigung inländischer Zahlungsmittel an einen Inländer zugunsten eines Ausländers, des persönlichen Hypothekenschuldners, der durch die Zahlung von seiner Schuld befreit wurde. Die äußeren Voraussetzungen einer Zuwiderhandlung gegen die §§ 42 (Nr. 3), 11 DevG. waren also gegeben. Ungenügend war die innere Tatseite der Verfehlungen begründet. Das Landgericht hatte bedingten Vorsatz angenommen, da der Angeklagte in sein Bewußtsein die Möglichkeit aufgenommen habe, daß seine Rechtsauffassung unrichtig sei. Ohne besondere Anhaltspunkte konnte aber nicht unterstellt werden, daß der Angeklagte, der nach Feststellung des Landgerichts über eingehende Rechtskenntnisse auf dem Gebiete des Devisenrechts verfügte, noch Zweifel an der Richtigkeit seiner Auffassung hegte, die ihn hätten veranlassen müssen, durch Einsichtnahme in die Erläuterungsbücher oder durch Befragung der Devisenstelle eine weitere Klärung zu versuchen. Zur Bejahung des bedingten Vorsatzes reichte auch nicht hin, daß der Angeklagte mit der Möglichkeit des strafrechtlichen Erfolgs gerechnet und ihn in den Kauf genommen hatte; vielmehr wäre dazu weiter erforderlich gewesen, daß er diesen Erfolg innerlich billigte und damit für den Fall, daß er eintrete, auch wollte (II, 20. Dezember 1937.)

Amtl. Sammlg. S. 36—44.

Vgl. Bd. 18 S. 123; Bd. 31 S. 211; Bd. 33 S. 4; Bd. 46 S. 227; Bd. 55 S. 204; Bd. 59 S. 2; Bd. 67 S. 424; Bd. 71 S. 209.

13. **Strafantrag.** (StGB. § 61.) Wenn durch eine nur auf Antrag zu verfolgende strafbare Handlung mehrere Personen verletzt sind, reicht der Antrag eines Verletzten aus, um die strafrechtliche Verfolgung zu rechtfertigen; die Verurteilung darf aber nicht auf die Verletzung der Personen erstreckt werden, die keinen Strafantrag gestellt haben. (V, 23. Dezember 1937.)

Amtl. Sammlg. S. 44—45.

Vgl. Bd. 31 S. 150; Bd. 62 S. 83; Bd. 71 S. 286.

14. **Vorentscheidung des Reichsfinanzhofs.** (RAbgO. §§ 296, 396, 468.) In einer Einkommensteuersache hatte das Finanzgericht entschieden, daß der Angeklagte unbeschränkt steuerpflichtig und daß durch sein Verhalten eine Steuerverkürzung eingetreten sei. Der Reichsfinanzhof trat dieser Auffassung bei, hob aber das Urteil auf, weil er hinsichtlich der Höhe der Steuerpflicht eine neue Prüfung für notwendig erachtete. Im Strafverfahren hielt sich das Landgericht durch diese Entscheidung für gebunden. Das Reichsgericht stimmte ihm zu. Nach § 468

RAbgO. sind die Gerichte hinsichtlich der Frage, ob ein Steueranspruch besteht und ob er verkürzt worden ist, an die Entscheidungen des Reichsfinanzhofs gebunden. Das Gesetz sagt nichts darüber, welcher Art die Entscheidungen sein müssen, um diese Bindung zu erzielen. Aus dem Zweck der Vorschrift, widersprechende Entscheidungen der Strafgerichte und Finanzgerichte zu vermeiden, ergibt sich, daß der Reichsfinanzhof Gelegenheit gehabt haben muß, zu den Fragen der Sache nach Stellung zu nehmen, und diese Gelegenheit auch gebraucht haben muß. Das war hier der Fall gewesen. An die Entscheidung des Reichsfinanzhofs war auch das Finanzgericht, an das die Sache zurückverwiesen wurde, gebunden, so daß eine abweichende Entscheidung nicht mehr zu erwarten war. In der Feststellung der Höhe der hinterzogenen Steuerbeträge sind die Strafgerichte in den Fällen der Einkommensteuer- oder Vermögensteuerhinterziehung frei, weil von dem Umfang der Steuerverkürzung die verwirkte Strafe nicht abhängt. (II, 6. Januar 1938.) Amtl. Sammlg. S. 45—48.

Vgl. 62 S. 326; JW. 1937 S. 403.

15. **Zuhälterei.** (StGB. § 181 a.) In einer Wirtschaft, in der zahlreiche Dirnen verkehrten, ließ sich ein Mann, der einen Hausierhandel betrieb und seine Waren hauptsächlich an Dirnen absetzte, von diesen häufig die Zeche bezahlen. Seine Verurteilung wegen Zuhälterei wurde vom Reichsgericht nicht bestätigt. Zum Tatbestand der Zuhälterei gehört eine persönliche Beziehung des Mannes zu einer bestimmten Frauensperson, aus der erkennbar wird, daß er in ihrem unzüchtigen Gewerbe zu ihr hält; das Verhältnis muß auf eine gewisse Dauer berechnet sein. Es ist zwar nicht ausgeschlossen, daß ein Mann ein solches Verhältnis gleichzeitig zu mehreren Frauen unterhält; doch muß dann sorgfältig geprüft werden, ob noch von der Gemeinschaftlichkeit des Interesses an dem unzüchtigen Gewerbe der Dirne gesprochen werden kann, die den Begriff bestimmt. Auch davon, daß der Angeklagte den unzüchtigen Erwerb der Dirnen ausbeutete, konnte um so weniger gesprochen werden, je größer und lockerer der Kreis der Teilnehmerinnen und je geringer der Anteil der einzelnen Dirne dabei war. (III, 6. Januar 1938.) Amtl. Sammlg. S. 49—50.

Vgl. Bd. 34 S. 72; Bd. 35 S. 56; Bd. 63 S. 88.

16. Widernatürliche Unzucht. Verführung. Entsprechende Anwendung. (StGB. §§ 2, 175 a.) Ein Mann lud einen 17 jährigen Burschen zum Besuch einer Wirtschaft ein, machte ihn dort betrunken und mißbrauchte ihn dann geschlechtlich. Der Bursche befand sich hierbei in einem völlig willenlosen Zustand. Die Verurteilung wegen Verführung einer minderjährigen Person zur Unzucht wurde vom Reichsgericht bestätigt. Verführt kann allerdings nur jemand werden, dessen Wille beeinflußt werden kann; die Handlung des Angeklagten war aber ebenso strafwürdig, wie wenn er sein Opfer zur Duldung der unzüchtigen Handlungen verführt hätte. Gemäß § 2 StGB. war daher die Vorschrift des § 175 a Nr. 3 entsprechend anzuwenden. Ob das auch gelten würde, wenn die Bewußtlosigkeit nicht oder doch nicht planmäßig herbeigeführt worden ist, war nicht zu entscheiden. (III, 6. Januar 1938.)

Amtl. Sammlg. S. 50—52.

17. Schöffen. Vereidigung. (GVG. § 51.) Die Vorschrift, daß bei der Vereidigung der Schöffen jeder Schöffe einzeln die Eidesworte nachzusprechen hat, ist nicht zwingend; ein Verstoß gegen sie kann die Annahme, das Gericht sei nicht vorschriftsmäßig besetzt gewesen, nur dann begründen, wenn zweifelhaft erscheint, ob jeder Schöffe die Eidesworte gesprochen hat. (I, 11. Januar 1938.)

Amtl. Sammlg. S. 53—54.
Vgl. Bd. 61 S. 374.

18. Kraftfahrzeug. Unachtsamkeit. Fahrlässigkeit. (StGB. § 222.) Von einem Kraftwagen wurde ein alter Mann, der die Straße überschreiten wollte, angefahren und so schwer verletzt, daß er starb. Der Wagen war von einem Berufswagenführer gesteuert worden. Die Verurteilung wegen berufsfahrlässiger Tötung wurde vom Reichsgericht nicht bestätigt. Der Angeklagte war nicht ganz am Rande der Straße gefahren, weil die Straße eine Einbahnstraße war und eine Vorschrift, in dieser rechts zu fahren, damals nicht bestand. Der alte Mann war, als ihn der Angeklagte auf etwa 6 Meter Entfernung vor sich sah, beim überschreiten der Straße schon über die Mitte hinaus gelangt, war aber dann umgekehrt und so in die Fahrbahn des Angeklagten gelangt. Nach der ständigen Rechtsprechung des Reichsgerichts muß der Kraftwagenführer allerdings auch mit einem unvorschriftsmäßigen und unbedachtsamen Verhalten von Fußgängern rechnen; er genügt aber dieser Pflicht, wenn er sich auf solche Unachtsamkeiten einrichtet, mit denen zu rechnen er bei verständiger Überlegung der gegebenen Umstände triftige Veranlassung hat. Daß der Angeklagte bei verständiger Überlegung damit hätte rechnen müssen, daß der alte Mann wieder umkehren werde, war nicht dargetan. Zu prüfen war jedoch, ob nicht der alte Mann schon den Eindruck von Unsicherheit machte und ob darum der Angeklagte zu besonderer Vorsicht verpflichtet war. (II, 17. Januar 1938.) Amtl. Sammlg. S. 55—56.

Vgl. Bd. 70 S. 71.

19. Hausrecht. Notwehr. (StGB. § 53.) Eine Frau lebte von ihrem Manne getrennt und mit ihrem erwachsenen Sohne zusammen. Dem Manne war durch gerichtliche Verfügung das Betreten der Wohnung verboten; manchmal wurde aber doch seine Anwesenheit dort geduldet. Bei einer solchen Gelegenheit kam es zu einem Streit. Der Sohn wies seinen Vater wiederholt aus der Wohnung; als dieser nicht nachgab, fügte er ihm eine Verletzung zu, die seinen Tod zur Folge hatte. Er wurde vom Schwurgericht von der Anklage des Totschlags freigesprochen, weil er möglicherweise in berechtigter Notwehr gegen Angriffe auf sein Hausrecht gehandelt habe. Das Reichsgericht verwies die Sache zurück. Die Frage, ob der Angeklagte berechtigt war, seinen Vater zum Verlassen der Wohnung aufzufordern, bedurfte genauer Klärung. Anscheinend waren der Angeklagte und seine Mutter gemeinschaftlich Träger des Hausrechts. Von mehreren Mitinhabern eines solchen Rechts kann es jeder allein gegen jeden ausüben, der ohne Berechtigung in der Wohnung verweilt. Das gilt aber nicht, wenn jeder der mehreren Wohnungsinhaber nach dem Rechtsverhältnis, das zwischen ihnen besteht, auch gegen den Willen des anderen jemand in die gemeinsame Wohnung aufnehmen darf; dann ist das Verweilen des Dritten trotz des Verbotes rechtmäßig. Es bestand die Möglichkeit, daß die Frau ihrem Mann erlaubt hatte, sich in der Wohnung aufzuhalten; dann konnte der Angeklagte nicht in Ausübung seines Hausrechts Notwehr üben. Auch wenn er dazu berechtigt war, fragte sich, ob er nicht dadurch, daß er seinen Vater mit bedingtem Vorsatz tötete, die Grenzen des zur Verteidigung Erforderlichen überschritt. Das Maß zulässiger Abwehr bestimmt sich allerdings nicht nach dem Verhältnis des angegriffenen Rechtsguts zu dem von der Gegenwehr Betroffenen, sondern nach der Stärke und Hartnäckigkeit des Angriffs und nach den Mitteln der Abwehr, die dem Angegriffenen zu Gebote stehen. Wenn dieser die Rechtsverletzung auf andere Weise abwenden kann, ohne seiner eigenen Ehre etwas zu vergeben oder eigene oder fremde Belange zu verletzen, namentlich dadurch, daß er Dritte zum Einschreiten anruft, widerspricht eine gewalttätige Abwehr, die mit der Vernichtung eines Menschenlebens verbunden ist, so sehr dem gesunden Volksgefühl, daß sie nicht mehr als zur Verteidigung notwendig anerkannt werden kann. Das Schwurgericht hätte prüfen müssen, ob nicht nach der besonderen Lage des Falles das verletzte Recht auf andere Weise, etwa durch Anrufen polizeilicher Hilfe, ausreichend hätte gewahrt werden können. (III, 20. Januar 1938.)

Amtl. Sammlg. S. 57—59.
Vgl. Bd. 69 S. 308; Bd. 71 S. 133.

20. Abtreibung. Notstand. Irrtum. (StGB. §§ 54, 59, 218.) Einer Frau wurde gelegentlich einer ärztlichen Untersuchung erklärt, sie dürfe wegen der damit für sie verbundenen Lebensgefahr kein Kind bekommen. Als sie einige Zeit später glaubte, schwanger geworden zu sein, ließ sie an sich Mittel anwenden, um die Frucht abzutreiben. Die Folge war, daß sie schwer an Bauchfellentzündung erkrankte. Ob sie schwanger gewesen war, konnte nicht festgestellt werden. Sie wurde wegen versuchter Abtreibung verurteilt. Ihre Revision hatte keinen Erfolg. Allerdings ist in der Rechtsprechung anerkannt, daß unter besonderen Umständen eine ernste, gegenwärtige Lebensgefahr es rechtfertigen kann, eine Schwangerschaft zu unterbrechen; vorausgesetzt ist aber, daß die Notwendigkeit durch einen zuverlässigen Arzt einwandfrei festgestellt worden ist. Durch die Gesetzgebung ist weiter festgelegt worden, daß der Unterbrechung der Schwangerschaft in der Regel die Prüfung und Befürwortung durch eine ärztliche Gutachtenstelle vorhergegangen sein muß und daß sie durch einen Arzt ausgeführt werden muß. Alle diese Voraussetzungen waren nicht erfüllt. Es konnte also höchstens in Frage kommen, ob die Angeklagte infolge der Erklärung des Arztes irrtümlich angenommen hatte, der Eingriff sei bei ihr zulässig. Aber auch bei einer solchen Sachlage blieb das Verhalten der Angeklagten strafbar. Sie hatte sich nicht über die tatsächliche Lage der Dinge etwa in der Weise geirrt, daß sie angenommen hatte, den Arzt nicht ohne Lebensgefahr abwarten zu können; sie hatte sich auch nicht darüber geirrt, ob ein ihr bekannter, außerhalb des Strafrechts bestehender Rechtssatz zu ihren Gunsten anwendbar sei; sie hatte nur irrtümlich einen Rechtfertigungsgrund angenommen, den das Strafrecht nicht anerkennt. Ein solcher Strafrechtsirrtum ist für die Schuldfrage unbeachtlich. (I, 21. Januar 1938.)

Amtl. Sammlg. S. 59—61.

Vgl. Bd. 61 S. 242, 258; Bd. 62 S. 137.

21. **Unlauterer Wettbewerb. Beauftragter. Bevorzugung.** (UnlWG. § 12.) Eine zur deutschen Arbeitsfront gehörige Versicherungseinrichtung, die ihren Mitgliedern Unterstützung in Berufsunfällen gewährte, sollte in der Weise umgestaltet werden, daß ein eingetragener Verein gegründet wurde, der entsprechende Verträge mit einer Versicherungsgesellschaft abschloß. Einer der Gründer des Vereins, der beim Abschluß der Verträge mitgewirkt hatte, ließ sich hiefür von der Versicherungsgesellschaft eine Provision versprechen. Er wurde wegen unlauteren Wettbewerbs verurteilt. Das Reichsgericht verwies die Sache zurück. Kein Bedenken bestand dagegen, den Angeklagten als Beauftragten des zu gründenden Vereins anzusehen; er sollte in den Verhandlungen die Unterlagen dafür schaffen, daß der Verein den Mitgliedern der alten Versicherungseinrichtung nach ihrem Beitritt den neuen Versicherungsschutz zu gewähren vermochte. Die besondere Stellung der Gründer eines Vereins rechtfertigt es, in ihnen jedenfalls dann Beauftragte des im Entstehen begriffenen, durch den Verein zu verwirklichenden Betriebs zu sehen, wenn sie sich innerhalb der Vorbereitung des zu gründenden Vereins an der Anbahnung der Beziehungen beteiligen, die für den Geschäftsbetrieb in Frage kommen. Ein Bedenken gegen die Verurteilung ergab sich aber daraus, daß dem Angeklagten die Provision erst nach Abschluß des Vertrags zwischen dem Verein und der Gesellschaft versprochen worden war. Es fragte sich hienach, ob durch jenen Vertrag die Möglichkeit, noch einen anderen Vertrag mit einer anderen Gesellschaft abzuschließen, als

ausgeschlossen zu gelten hatte oder ob der Angeklagte nach dem beiderseitigen Willen auch weiterhin der Gesellschaft bei Durchführung des Versicherungsvertrags zu Diensten sein sollte. Andernfalls war bei dem Versprechen keine künftige Handlung des Angeklagten zugunsten der Gesellschaft gewollt gewesen. (II, 24. Januar 1938.)

Amtl. Sammlg. S. 62—64.
Vgl. Bd. 66 S. 81; Bd. 68 S. 70.

22. Bankerott. Unordentliche Buchführung. Beauftragter. Beihilfe. (StPO. §§ 49, 240.) Eine Frau war alleinige Inhaberin eines handelsgerichtlich eingetragenen Geschäfts. Die Buchführung ließ sie durch einen Angestellten besorgen. Nach der Zahlungseinstellung ergab sich, daß die Handelsbücher nicht ordentlich geführt waren. Die Frau wurde wegen einfachen Bankerotts, der Angestellte wegen Beihilfe angeklagt. Das Landgericht sprach sie frei mit der Begründung, die Frau sei zu beschränkt gewesen, um die wirtschaftlichen Vorgänge ihres Geschäfts zu erfassen, ihr sei also ein Verschulden nicht nachzuweisen; der Angestellte könne wegen Beihilfe nicht verurteilt werden, weil eine Haupttat nicht feststehe. Das Reichsgericht verwies die Sache zurück. Wer als Beauftragter des Inhabers eines Handelsgeschäfts die Bücher führt, muß für unordentliche Buchführung an Stelle des Inhabers als Täter bestraft werden, wenn gegen diesen deshalb nicht eingeschritten werden kann, weil ihm ein Verschulden nicht nachzuweisen ist. (I, 21. Januar 1938.)

Amtl. Sammlg. S. 65—66.
Vgl. Bd. 71 S. 112.

23. Betrug. Versuch. (StGB. §§ 43, 263.) Ein Kaufmann, der sein Warenlager gegen Einbruch versichert hatte, vereinbarte mit mehreren Personen, sie sollten bei ihm einen scheinbaren Einbruch ausführen; verschiedene Waren gab er ihnen sofort mit. Als sie ans Werk gehen wollten, wurden sie sofort gestört. Seine Verurteilung wegen versuchten Betrugs wurde bestätigt. Das Landgericht hatte festgestellt, daß er die schon herausgegebenen Waren ebenfalls als gestohlen anmelden wollte; mit der Hingabe nahm das auf die Täuschung der Versicherungsgesellschaft gerichtete planmäßige Verhalten des Angeklagten seinen Anfang, das in ungestörtem Fortgang zur Täuschung und Schädigung der Gesellschaft geführt hätte.

Bei den Personen, die sich bereit erklärt hatten, den scheinbaren Einbruch durchzuführen, lag Beihilfe zum versuchten Betrug vor. (II, 24. Januar 1938.)

Amtl. Sammlg. S. 66—67.

Vgl. Bd. 28 S. 144; Bd. 51 S. 341.

24. **Unzüchtige Handlung. Öffentlichkeit. Fortgesetzte Handlung. Ärgernis. Rechtsschöpfung.** (StGB. §§ 2, 183, 185.) Der Angeklagte hatte in zahlreichen Fällen an öffentlich zugänglichen Orten Frauen seinen entblößten Geschlechtsteil vorgewiesen. Das Landgericht hatte in drei Fällen festgestellt, daß zur Zeit der Tat Personen, die davon nicht mitumfaßt waren, sich in der Nähe befanden und die Tat hätten bemerken können; es hatte den Angeklagten wegen fortgesetzten Vergehens wider die Sittlichkeit, begangen in drei Fällen, verurteilt, hinsichtlich der übrigen Fälle aber das Verfahren eingestellt, weil insoweit das Merkmal der Öffentlichkeit nicht für gegeben erachtet und demgemäß nur Beleidigung der betroffenen Frauen angenommen wurde, Strafantrag aber nicht gestellt war. Das Reichsgericht verwies die Sache zurück. Den Begriff der Öffentlichkeit hat das Reichsgericht immer dahin ausgelegt, daß eine Handlung nur dann als öffentlich vorgenommen anzusehen ist, wenn unbestimmt welche und wieviele Personen, auch solche, die von der Tat selbst nicht mitumfaßt werden, sie wahrnehmen können. Diesen Erfolg muß auch der Vorsatz des Täters umfassen, wobei aber bedingter Vorsatz genügt. Das Landgericht hatte sich hieran gehalten; das Ergebnis befriedigte aber nicht, weil nur ein kleiner Bruchteil der im Wesen gleichartigen Handlungen des Angeklagten erfaßt wurde. Nach gesundem Volksempfinden verdiente der Angeklagte Bestrafung wegen aller Fälle, da sein Verhalten, als Ganzes betrachtet, das Schamgefühl der Allgemeinheit verletzt hatte. Eine Bestrafung wegen fortgesetzter Beleidigung wäre, da verschiedene Personen in Betracht kamen, nicht möglich gewesen, hätte auch nicht ausgereicht, da Beleidigung und Erregung sittlichen Ärgernisses zwar gelegentlich in einer Handlung zusammentreffen können, aber die Verletzung verschiedener Rechtsgüter darstellen und nach ihrer Strafwürdigkeit verschiedener Wertung unterliegen. Unter diesen Umständen war es geboten, von der dem Richter seit dem

1. September 1935 eingeräumten Befugnis der Rechtsschöpfung Gebrauch zu machen und die nach diesem Zeitpunkt begangenen Verfehlungen, soweit sie nicht schon unmittelbar unter § 183 StGB. fielen, ebenfalls nach diesem Gesetz zu bestrafen, dessen Grundgedanke auf sie am besten zutrifft. (V, 27. Januar 1938.)

Amtl. Sammlg. S. 67—70.

Vgl. Bd. 1 S. 199; Bd. 2 S. 196; Bd. 3 S. 361; Bd. 10 S. 296; Bd. 16 S. 345; Bd. 20 S. 298; Bd. 21 S. 254; Bd. 22 S. 341; Bd. 38 S. 207; Bd. 42 S. 112; Bd. 49 S. 147; Bd. 51 S. 167; Bd. 53 S. 139; Bd. 57 S. 343; Bd. 63 S. 431; Bd. 64 S. 366; Bd. 65 S. 112; JW. 1935 S. 526, 2369, 2370; 1936 S. 1375.

25. **Steuerbeamter. Bestechung.** (StGB. §§ 332.) Der Buchprüfer eines Finanzamts beriet gegen Entgelt einen Kaufmann bei der Abfassung von Einkommensteuererklärungen und entwarf ihm diese auch; hiebei veranlaßte er ihn, verschiedene Einkünfte, die steuerpflichtig waren, nicht anzugeben. Er wurde wegen einfacher Bestechlichkeit verurteilt. Das Reichsgericht verwies die Sache zurück. Das Landgericht hatte angenommen, die Abgabe der Steuererklärungen habe nicht zu den Amtspflichten des Angeklagten gehört. Das traf an sich zu; der Tatbestand wurde aber damit nicht erschöpft. Soweit ein als Buchprüfer angestellter Beamter in Steuersachen von Steuerpflichtigen seines Finanzbezirks, sei es im dienstlichen Auftrag, sei es aus anderem Anlaß tätig wird, hat er die dienstliche Verpflichtung, dabei der Vornahme von Steuerhinterziehungen entgegenzuwirken und sich selbst jeder Förderung solcher Handlungen zu enthalten. Die Annahme von Vorteilen für Verfehlungen gegen diese Pflicht erfüllt daher den äußeren Tatbestand der schweren Bestechung. Der Vorteilgeber braucht nicht zu erkennen, daß die Handlung, für die er die Vorteile gewährt, die Verletzung einer Amts- oder Dienstpflicht enthält; er muß nur wissen, daß die Handlung eine Amtshandlung ist. Fehlt ihm diese Erkenntnis, glaubt aber der Beamte, der Vorteilgeber habe sie, so ist der Beamte, wenn bei ihm im übrigen der innere Tatbestand erfüllt ist, wegen versuchten Verbrechens gegen § 332 StGB. zu bestrafen. Der Tatbestand der schweren Bestechung hätte auch dann

erfüllt sein können, wenn der Kaufmann dem Angeklagten die mit Vorteilen verbundene Bearbeitung seiner Steuersachen etwa deshalb übertragen hätte, weil er der Meinung gewesen wäre, der Angeklagte werde anderweit dienstlich mit seinen Einkünften zu tun haben, und wenn er ihn für diesen Fall zu pflichtwidriger Nachsicht hätte bestimmen, mindestens in seiner Entschließungsfreiheit bei Ermessensentscheidungen hätte beeinträchtigen wollen, der Angeklagte auch die Vorteile in Erkenntnis dessen angenommen hätte. (IV, 28. Januar 1938.)

Amtl. Sammlg. S. 70--73.

Vgl. Bd. 39 S. 193; Bd. 50 S. 257; Bd. 56 S. 366; Bd. 70 S. 251; JW. 1933 S. 963; 1934 S. 1499; 1937 S. 883; RGZ. Bd. 134 S. 162.

26. Raufhandel. Beleidigung. (StGB. § 227.) J. und G. kamen in einer Wirtschaft mit E. in Streit. J. wollte auf E. einschlagen, wurde aber von einem anderen Gast festgehalten. G. schlug währenddessen E. sein Bierglas auf den Kopf. Nun stürzte auch J., der sich losgerissen hatte, auf E. und schlug gemeinsam mit G. auf ihn ein. Der Schlag, den G. dem E. versetzt hatte, war tödlich. J. legte gegen seine Verurteilung wegen Teilnahme an einem Raufhandel ohne Erfolg Revision ein. Der Tod des E. war durch den Angriff der beiden Angeklagten verursacht worden; dabei war es für den Tatbestand des § 227 StGB. unerheblich, daß der Tod lediglich durch den von G. geführten Schlag herbeigeführt worden war. Zum inneren Tatbestand gehört das Bewußtsein des Täters, daß er wenigstens mit noch einem anderen zusammen angreift. Der Angriff des J. war noch nicht beendet, als er von dem anderen Gast festgehalten wurde; er setzte, nachdem er frei geworden war, seinen Angriff fort zu einer Zeit, da E. noch in der Abwehr des G. begriffen war. Spätestens in diesem Zeitpunkt war er sich bewußt, daß er mit G. zusammenwirkte. Zum Tatbestand des Raufhandels gehört nicht, daß gerade die Beteiligung eines bestimmten Täters ursächlich für den Tod des Opfers gewesen ist; maßgebend ist nur, daß die schwere Folge, die nach dem Gesetz die Bestrafung wegen Raufhandels herbeiführt, durch den Raufhandel eingetreten ist, an dem sich der Täter beteiligt hat. Dieses Merkmal ist immer dann gegeben, wenn die Vorgänge, an denen der Täter teilgenommen hat, mit den anderen Vorgängen eine Einheit bilden. (I, 1. Februar 1938.)

Amtl. Sammlg. S. 73—75.

27. **Erpressung. Drohung. Anstiftung. Tateinheit.** (StGB. §§ 73, 253.) Mehrere Fleischer verlangten von dem Fleischbeschauer, daß er die Schlachtsteuer niedriger als vorgeschrieben ansetze. Als er sich weigerte, drohten sie ihm, das Schlachtvieh lebend aus dem Beschaubezirk auszuführen, wodurch seine Einnahmen geschmälert worden wären. Er gab dem Verlangen nach. Die Fleischer wurden wegen fortgesetzter Steuerhinterziehung in Tateinheit mit Erpressung verurteilt. Ihre Revisionen wurden verworfen. Es stand allerdings den Angeklagten frei, ihr Vieh lebend aus dem Beschaubezirk auszuführen; die verkehrsübliche Abkehr von geschäftlichen Beziehungen bedeutet auch kein Übel, durch dessen Androhung eine Erpressung begangen werden könnte. Nach herrschender Rechtsprechung ist ferner die Drohung mit einer Unterlassung nur dann als ein Übel zu betrachten, wenn eine Pflicht zum Handeln besteht. Das Besondere des Falles lag aber darin, daß es nicht geschäftliche Gründe waren, aus denen die Angeklagten die Verbringung des Viehs in einen anderen Bezirk in Aussicht stellten, sondern daß sie die Absicht zu erkennen gaben, den Fleischbeschauer durch Verkürzung seiner Einnahmen zu schädigen. Dieses Verhalten war unzulässig und sittenwidrig, weil darin eine Schikane zu erblicken war. Sowohl das Nötigungsmittel als der Nötigungszweck waren also rechtswidrig. Zu prüfen wäre auch gewesen, ob die Angeklagten nicht wegen Anstiftung zu verurteilen waren. Soweit sie den Fleischbeschauer durch Drohung dazu bestimmten, ihnen Beihilfe zur Steuerhinterziehung zu leisten, ging die Anstiftung zur Beihilfe bei der eigenen Straftat in dieser eigenen Tat auf; dagegen war keine Anstiftung zur Beihilfe bei der eigenen Tat gegeben, soweit die Angeklagten den Fleischbeschauer dazu angestiftet hatten, seine Amtspflicht zu verletzen. In dieser Beziehung war Tateinheit zwischen der Steuerhinterziehung und der Anstiftung zur Beihilfe möglich, soweit diese den Tatbestand anderer Straftaten als der Beihilfe zur Steuerhinterziehung oder der Begünstigung dieser Tat erfüllte. Zu einer Aufhebung des Urteils aus

diesem Grunde bestand aber kein Anlaß; Anstiftung und Erpressung würden in Tateinheit stehen und es wäre mit keiner erheblichen Strafschärfung zu rechnen gewesen, wenn noch die Anstiftung festgestellt worden wäre. (V, 7. Februar 1938.) Amtl. Sammlg. S. 75—77.

Vgl. Bd. 44 S. 207; Bd. 56 S. 59; Bd. 63 S. 424.

28. **Auslieferung. Verbrauch der Strafklage. Nichtigkeit.** (Vertrag zwischen dem Deutschen Reich und der Tschechoslowakei vom 8. Mai 1922 Art. 12.) Der Angeklagte war zu einer Gefängnisstrafe von einem Jahr verurteilt worden und hatte sich der Vollstreckung durch Flucht in die Tschechoslowakei entzogen. Er wurde zur Vollstreckung ausgeliefert und während der Strafverbüßung wegen eines Betrugs verurteilt, den er vor seiner Flucht begangen hatte. Das Urteil wurde rechtskräftig. Ehe es zur Vollstreckung kam, wurde entdeckt, daß das Urteil gegen die Bestimmung des zwischen dem Deutschen Reich und der Tschechoslowakei geschlossenen Auslieferungsvertrags verstieß, wonach ein Ausgelieferter wegen einer Straftat, die er vor der Auslieferung begangen hat, nur soweit in Untersuchung gezogen werden kann, als der ausliefernde Staat dem zustimmt. Es wurde ein neues Verfahren wegen der gleichen Tat eingeleitet. Das Landgericht stellte es ein, weil die Strafklage verbraucht sei. Der Staatsanwalt legte Revision ein mit der Begründung, daß das frühere Urteil trotz seiner Rechtskraft als nichtig angesehen werden müsse. Das Reichsgericht trat dieser Auffassung nicht bei. Von Nichtigkeit des früheren Urteils hätte man nur sprechen können, wenn dieses in keiner **Weise den Vorschriften und dem Geiste der Strafprozeßordnung** entsprochen hätte. Wenn ein Urteil gegen einen Auslieferungsvertrag verstößt, ist das wohl geeignet, die Anfechtbarkeit durch ordentliche Rechtsmittel zu begründen, nicht aber die klageverbrauchende Wirkung des rechtskräftigen Urteils auszuschalten. (IV, 8. Februar 1938.) Amtl. Sammlg. S. 77—78.

Vgl. JW. 1930 S. 1872.

29. **Verletzung der Unterhaltspflicht. Zustand. Unfähigkeit. Dauerstraftat.** (StGB. § 361 Nr. 5.) Gegen die Verurteilung wegen Verletzung der Unterhaltspflicht wurde eingewendet, der Angeklagte habe allerdings viel getrunken, sei aber dadurch doch nicht in einen Zustand der Erwerbs-

unfähigkeit gekommen; er habe auch zeitweise gearbeitet. Das reichte nicht zu seiner Rechtfertigung. Die Strafvorschrift betrifft nicht nur die Fälle, in denen die Lebensweise eines Schuldners zu einem Zustand der Erwerbsunfähigkeit geführt hat, sondern sie will schlechthin den Spieler, Trinker oder Müßiggänger treffen, der sich von seiner Leidenschaft oder seinem Hang schuldhaft derart beherrschen läßt, daß die behördliche Wohlfahrtspflege eingreifen muß. Deshalb ist auch die durch Trunkenheit hervorgerufene Willensschwäche und die daraus folgende Verletzung der Pflicht, für sich und seine Angehörigen zu sorgen, ein Zustand der Unfähigkeit im Sinne der Strafvorschrift, wenn auf ihr das Unterlassen möglichen Erwerbs oder ein Vergeuden vorhandener Mittel zur Befriedigung der Sucht beruht. Die Übertretung stellte sich ihrem Wesen nach als Dauerstraftat dar; sie endete erst mit dem Wegfall der öffentlichen Unterstützung, die durch den schuldhaften Zustand der Unfähigkeit nötig geworden war. (II, 14. Februar 1938.) Amtl. Sammlg. S. 79—80.

30. **Unternehmen der Verleitung zum Meineid. Irrtum. Wahnverbrechen.** (StGB. §§ 59, 159.) Eine Frau wollte einen Mann, der zu einer polizeilichen Vernehmung vorgeladen war, dazu verleiten, bei dieser Vernehmung eine wissentlich unwahre Angabe zu machen und sie auch mit einem Eide zu bekräftigen. Daß die Polizei zur Abnahme von Eiden nicht zuständig ist, war ihr unbekannt. Sie wurde von der Anklage der unternommenen Meineidsverleitung freigesprochen. Das Reichsgericht verwies die Sache zurück. Wenn sich jemand, der einen wissentlich falschen Eid vor einer zur Abnahme von Eiden nicht zuständigen Behörde leistet, dabei irrig vorstellt, die Behörde sei zur Abnahme von Eiden zuständig, ist zwar kein vollendeter Meineid, wohl aber der Versuch dieses Verbrechens möglich. Auch die Straftat nach § 159 StGB. kann begangen werden, wenn sich der, der die Verleitung unternimmt, irrig vorstellt, daß die Stelle, die er bei der Beeinflussung des anderen im Auge hat, zur Abnahme von Eiden zuständig sei. Es liegt hier kein Wahnverbrechen vor; das trifft nur dann zu, wenn die Verwirklichung des Tatbestandes so, wie ihn sich der Täter vorgestellt hat, keine mit Strafe bedrohte Handlung darstellen würde, der Täter aber irrig angenommen hat, sie sei strafbar.

Anders ist es, wenn die Handlung, wie sie sich der Täter vorgestellt hat, alle Merkmale einer mit Strafe bedrohten Handlung erfüllen würde; dann kann die Vornahme dieser Handlung infolge der irrigen Annahme des Täters einen strafbaren Versuch darstellen. § 159 StGB. stellt den Versuch als solchen der Vollendung gleich. (I, 15. Februar 1938.) Amtl. Sammlg. S. 80—82.

Vgl. Bd. 60 S. 25; Bd. 64 S. 223; Bd. 65 S. 206.

31. **Devisenrecht. Irrtum. Beweislast.** (StGB. § 59; DevG. 1935 §§ 11, 20, 25, 42, 44.) Inländische, auf Goldmark lautende Wertpapiere wurden von einer Devisenausländerin entgeltlich erworben und mit inländischen Zahlungsmitteln bezahlt; eine Genehmigung der Devisenstelle wurde nicht eingeholt. Damit wurde der äußere Tatbestand der §§ 11, 20, 25, 42 DevG. erfüllt, wobei die Zuwiderhandlung gegen § 25 durch die andere aufgezehrt wurde. Der Angeklagte verteidigte sich damit, daß er den Erwerb der Wertpapiere und die Zahlung des Kaufpreises für erlaubt gehalten habe. Das Landgericht verurteilte wegen vorsätzlicher Devisenzuwiderhandlung. Das Reichsgericht verwies die Sache zurück. Die Tatsachen, aus denen sich die äußeren Tatbestandsmerkmale der devisenrechtlichen Zuwiderhandlungen ergaben, hatte der Angeklagte gekannt. Hiernach war es verfehlt, die Revision auf eine Verletzung des § 59 StGB. zu stützen. Zur Feststellung einer vorsätzlichen Tat ist auch für das Devisenrecht nur erforderlich, daß der Täter in Kenntnis aller Umstände gehandelt hat, aus denen sich die äußeren Tatbestandsmerkmale der Tat ergeben. Die Kenntnis des Täters davon, daß er sich strafbar mache, gehört nicht zum Tatbestand einer vorsätzlichen Devisenstraftat. § 44 DevG. gestattet aber, mit Rücksicht auf die verwickelten Vorschriften auf dem Gebiete des Devisenrechts, die Unkenntnis der Devisenvorschriften in einem gewissen Umfang zu berücksichtigen. Auf Grund von Umständen, die in der Person des Täters liegen, wird trotz Vorliegen einer vorsätzlichen Straftat Strafmilderung oder sogar Straflosigkeit gewährt, wenn der Täter die Tat in unverschuldetem Irrtum über das Bestehen oder die Anwendbarkeit devisenrechtlicher Vorschriften für erlaubt gehalten hat. Diese Voraussetzung muß im einzelnen

Falle nachgewiesen sein. Den Täter trifft zwar keine Beweislast, vielmehr muß der Tatrichter die bestmögliche Aufklärung versuchen; aber Lücken im Beweisergebnis gehen zu Lasten des Täters. Es genügt nicht, daß er Zweifel gehabt hat, ob die Tat erlaubt oder unerlaubt sei; vielmehr muß er die Tat für erlaubt gehalten haben, sein Irrtum muß sich auf das Bestehen oder die Anwendbarkeit devisenrechtlicher Vorschriften (nicht nur devisenstrafrechtlicher Vorschriften) beziehen und muß unverschuldet sein. Hat der Täter nur Zweifel gehabt, so wird vielfach in Anlehnung an den Begriff des bedingten Vorsatzes bei der Schuldfrage von einer bedingten Kenntnis gesprochen. Die Frage, ob dem Täter § 44 DevG. zugute kommen soll, wird regelmäßig vor allem darnach zu beurteilen sein, welche Vorschriften er verletzt hat; daraus, ob es sich um häufiger vorkommende oder seltenere Tatbestände und Vorschriften handelt, können sich Fingerzeige ergeben, ebenso aus der Persönlichkeit des Täters und den Begleitumständen der Tat. (I, 15. Februar 1938.)

Amtl. Sammlg. S. 82—85.

Vgl. Bd. 51 S. 91; Bd. 53 S. 81; Bd. 56 S. 409; Bd. 61 S. 238; Bd. 64 S. 25.

32. Bruch des Steuergeheimnisses. Irrtum. (StGB. § 59; RAbgO. §§ 395, 412.) Ein Mitglied eines Steuerausschusses überließ Akten, die er in dieser Eigenschaft in Besitz hatte, an einen anderen zur Weitergabe an eine Parteidienststelle. Er wurde von der Anklage eines Bruchs des Steuergeheimnisses freigesprochen. Die Revision des Finanzamts hatte keinen Erfolg. Die äußeren Merkmale des § 412 RAbgO. waren gegeben. Das Landgericht hatte die Freisprechung darauf gestützt, daß der Angeklagte nicht vorsätzlich gehandelt habe, weil er nicht wußte, daß er die Verhältnisse des Steuerpflichtigen nicht so, wie geschehen, offenbaren dürfe. Damit war das Tatbestandsmerkmal des unbefugten Handelns auf Grund des § 59 StGB. verneint. § 395 RAbgO. schied aus; er ist nur anwendbar, soweit sich nach den allgemeinen Bestimmungen des Strafrechts die Schuld des Angeklagten ergibt; er läßt aber zu, daß eine vorsätzliche Verletzung des Steuergeheimnisses als ein fahrlässiges Vergehen angesehen wird, wenn der Täter aus verschuldetem Irrtum über ein Steuergesetz sein Tun für erlaubt gehalten hat. (I, 18. Februar 1938.) Amtl. Sammlg. S. 86—87.

Vgl. Bd. 72 S. 82.

33. **Hehlerei. Mitwirken zum Absatz. Entsprechende Anwendung.** (StGB. §§ 2, 259.) Eine Frau ließ sich von einem Manne für ihren Lebensunterhalt Geld geben, das dieser, wie sie wußte, durch Betrug erlangt hatte. Weiter war sie damit einverstanden, daß er mit dem erschwindelten Geld für ihre Wirtschaft Bier, Wein und andere Genuß- und Lebensmittel anschaffte; endlich ließ sie sich ihre Wohnung und beim Besuch von Wirtschaften ihre Zeche von dem Manne bezahlen. Hinsichtlich des Geldes, das sie sich hatte geben lassen, lag der Tatbestand der Hehlerei offen. Im übrigen hatte das Landgericht die Strafvorschrift für Hehlerei entsprechend angewendet, weil die Angeklagte zwar nicht das durch Betrug erworbene Geld, wohl aber Gegenstände, die an dessen Stelle getreten waren, an sich gebracht hatte und nach dem Grundgedanken des § 259 StGB. sowie nach gesundem Volksempfinden die Strafe für Hehlerei verdiene. Das Reichsgericht erklärte, daß der Tatbestand der Hehlerei auch durch diese Handlungen erfüllt sei, so daß es einer entsprechenden Anwendung der Strafvorschrift nicht bedurfte. Wenn die Angeklagte auch nicht das durch Betrug erlangte Geld an sich gebracht hatte, so hatte sie doch zu seinem Absatz bei anderen mitgewirkt. Absatz bedeutet die wirtschaftliche Verwertung einer Sache. Geld kann wirtschaftlich auf mannigfältige Weise verwertet werden; im vorliegenden Falle war es zur Zahlung von Schulden aus Kaufverträgen und Mietverträgen verwandt worden. Bei diesem Absatz hatte die Frau mitgewirkt. Ein solches Mitwirken zum Absatz von erbeutetem Geld kann schon darin gefunden werden, daß der Hehler dem Vortäter angibt, in welcher Weise er das Geld ausgeben soll, oder daß er bei der Entstehung von Schulden mitwirkt, die der Vortäter mit dem Geld bezahlen soll. Die Frage nach der entsprechenden Anwendung eines Strafgesetzes darf erst dann gestellt werden, wenn sich für die unmittelbare Anwendung aus dem festgestellten Tatbestand ein Hindernis ergibt. (I, 18. Februar 1938.)

Amtl. Sammlg. S. 87—89.

Vgl. Bd. 17 S. 392; Bd. 71 S. 431.

34. Rassenschande. (BlutSchG. §§ 2, 5.) Ein Jude nahm wegen geschlechtlicher Erkrankung einen Arzt in Anspruch. Dieser warf ihm ohne weiteres vor, daß er sich die Krankheit durch Verkehr mit einer deutschblütigen Frau zugezogen habe. Der Jude bestritt das nicht, sondern bat lediglich den Arzt, nichts gegen ihn zu unternehmen. Vor Gericht bestritt der Jude, sich gegen das Blutschutzgesetz verfehlt zu haben. Er wurde gleichwohl verurteilt mit der Begründung, daß ohne eine solche Verfehlung sein Benehmen gegenüber dem Arzt unverständlich sei. Das Reichsgericht verwies die Sache zurück. Bei der Bedeutung des Rassenschutzes und der Schwere der angedrohten Strafen müssen die Gerichte die Rassenzugehörigkeit der Beteiligten sorgfältig ermitteln. Die eigenen Angaben des Angeklagten können verwertbar sein; auch kann aus der Art seiner Verteidigung auf den strafrechtlichen Vorsatz geschlossen werden. Dagegen ist es unzulässig, aus dem bloßen Schuldgefühl des Angeklagten heraus ohne weiteres auch den Beweis des äußeren Tatbestandes zu entnehmen, wenn nicht eine an Gewißheit grenzende Wahrscheinlichkeit dafür spricht, daß der Täter das äußere Geschehen zutreffend beurteilt, im gegebenen Falle also die weibliche Beteiligte als deutschblütige Staatsangehörige erkannt hatte. Unter Umständen war das Verhalten des Angeklagten unter dem rechtlichen Gesichtspunkt des Versuchs zu würdigen. (V, 21. Februar 1938.)

Amtl. Sammlg. S. 89—90.

Vgl. Bd. 70 S. 218; JW. 1937 S. 752; 1938 S. 447.

35. Rassenschande. Ausland. Entsprechende Anwendung. Gesetzesauslegung. (StGB. §§ 2, 3, 4; BlutSchG. §§ 2, 5; GVG. § 137.) Ein Jude unterhielt vor dem Erlaß des Blutschutzgesetzes mehrere Jahre hindurch geschlechtliche Beziehungen mit einer deutschblütigen Reichsangehörigen. Ende September 1935 begab er sich in die Tschechoslowakei. Von dort bestellte er seine Geliebte nach Prag, wo er wiederholt mit ihr geschlechtlich verkehrte. Daß er nach Erlaß des Blutschutzgesetzes in Deutschland mit ihr Geschlechtsverkehr gehabt hatte, konnte nicht nachgewiesen werden. Das Landgericht verurteilte ihn wegen Rassenschande mit der Begründung, daß er mit bewußter Umgehung des Blutschutzgesetzes seine deutschblütige Geliebte in das Ausland bestellt und dort mit ihr geschlechtlich verkehrt habe, und daß eine solche Tat nach dem Grundgedanken des Blutschutzgesetzes und nach gesundem Volksempfinden Strafe verdiene. Der für die Revision zuständige Senat des Reichsgerichts legte die Sache dem großen Senat zur Entscheidung vor. Die Anrufung des großen Senats ist in Rechtsfragen von grundsätzlicher Bedeutung zulässig, wenn Fortbildung des Rechts oder Sicherung einer einheitlichen Rechtsprechung es erfordern. Dem großen Senat ist damit aber gegenüber den bestehenden Gesetzen kein größeres Maß von Freiheit gegeben als anderen Gerichten. Aus § 2 StGB. n. F. ist keine Freistellung des Richters gegenüber dem Gesetz zu folgern. Maßgebend bleibt auch nach dieser Vorschrift das Gesetz; bestraft wird nur, wer eine Tat begeht, die das Gesetz für strafbar erklärt, oder die nach dem Grundgedanken eines Strafgesetzes und nach gesundem Volksempfinden Bestrafung verdient. Der Grundgedanke eines Strafgesetzes, wenn auch nicht sein Wortlaut, muß also auf die Tat zutreffen. Hieran kann auch der Umstand nichts ändern, daß das Dritte Reich eine große Anzahl von Vorschriften einstweilen aus der Vergangenheit hat übernehmen müssen, die den Lebensanschauungen der Gegenwart nicht mehr entsprechen. Auch die Gesetze, die der Führer bis auf weiteres fortbestehen läßt, sind ein Bestandteil seiner Gesetzgebung. Er hat zu bestimmen, wann und durch welche Vorschriften sie zu ersetzen sind. Der Aufgabe, die das Dritte Reich der Rechtsprechung stellt, kann diese nur gerecht werden, wenn sie bei Auslegung der Gesetze nicht an dem Wortlaut haftet, sondern in ihr innerstes Wesen eindringt und zu ihrem Teil dazu mitzuhelfen versucht, daß die Ziele des Gesetzgebers verwirklicht werden. Dazu gehört auch, daß die Auslegung nicht auf die einzelnen Vorschriften eines Gesetzes beschränkt, sondern daß das Gesetz als ein Ganzes erfaßt wird. Ergibt sich hierbei, daß der Gesetzgeber bestimmte Fragen nicht ausdrücklich geordnet hat, so ist es Recht und Pflicht der Rechtsprechung, aus der Gesamtheit der gesetzlichen Bestimmungen zu entnehmen, welche Lösung dem Willen des Gesetzgebers und dem gesunden Volksempfinden entspricht. Hier ist aber Vorsicht geboten. Die Rechtsprechung darf nicht aus Anlaß eines Einzelfalles allgemeine Grundsätze aufstellen, deren Tragweite sie vielleicht nicht voll übersehen kann. Das gilt auch für die großen Senate. Aus der Vorschrift, daß die Entscheidung des großen Senats bindend für den erkennenden Senat ist, ergibt sich, daß es sich für ihn nur darum handeln kann, dem erkennenden Senat die notwendige Richtschnur für die Entscheidung des ihm vorliegenden Falles zu geben. Der große Senat lehnte es darum ab, darüber zu entscheiden, ob auch eine außerhalb der geographischen Grenzen des Deutschen Reiches begangene strafbare Handlung als Inlandstat anzusehen ist, wenn bestimmte Voraussetzungen gegeben sind; er erklärte lediglich, daß ein Jude deutscher Staatsangehörigkeit, der mit einer Staatsangehörigen deutschen Blutes im Ausland außerehelich verkehrt, jedenfalls dann nach dem Gesetz zum Schutz des deutschen Blutes und der deutschen Ehre strafbar ist, wenn er die deutsche Staatsangehörige veranlaßt hat, zu diesem Zweck vorübergehend in das Ausland zu kommen. Zu der Frage, ob auch in anderen Fällen eine im Ausland begangene Rassenschande zu bestrafen ist, Stellung zu nehmen, wurde keine Veranlassung gefunden. In der Regel hat wegen der im Ausland begangenen Verbrechen und Vergehen keine Verfolgung stattzufinden. Die Gerichte haben nicht das Recht, eine solche gesetzliche Schranke ohne weiteres beiseite zu setzen, wenn sie ihnen als ein Hindernis für eine dem gesunden Volksempfinden entsprechende Sühne strafwürdigen Verhaltens erscheint. Die notwendige Neuordnung dieses Gebietes muß dem Gesetzgeber vorbehalten bleiben; er allein ist in der Lage, die ganze Tragweite einer Neuordnung, besonders auch ihre Rückwirkung auf die ausländischen Gesetzgebungen, zu übersehen. (Großer Senat für Strafsachen. 23. Februar 1938.) Amtl. Sammlg. S. 91—96.

36. **Leichtfertige falsche Anschuldigung. D'enstverkehr. Wahrnehmung berechtigter Interessen.** (StGB. §§ 164, 193.) Der Leiter eines Kreisamts für Volksgesundheit erstattete gegen einen Arzt eine Anzeige an amtliche Stellen (Landrat und Kreisleiter), die sich als falsch erwies. Seine Verurteilung wegen leichtfertiger falscher Anschuldigung wurde bestätigt. Für den amtlichen Verkehr sind mancherlei Umstände (die Pflicht zum Handeln, die Notwendigkeit schnellen amtlichen Zugreifens) als wirksam anzuerkennen, die bei nichtamtlichen Mitteilungen fehlen oder nicht im gleichen Maße vorhanden sind; die Lebendigkeit

und Fruchtbarkeit gegenseitiger Unterstützung amtlicher Stellen dürfen nicht über Gebühr durch zu hohe Anforderungen an die Sorgfalt innerhalb des Amtsverkehrs beschränkt werden. Das darf aber nicht soweit gehen, daß der amtliche Verkehr von der Anwendbarkeit des § 164 StGB. grundsätzlich ausgenommen würde. Jedenfalls für wissentlich falsche Verdächtigungen ließe sich eine solche Ausnahme nicht im mindesten rechtfertigen; es besteht aber auch kein durchgreifender Grund, eine bedingt vorsätzliche oder eine leichtfertige falsche dienstliche Verdächtigung der Bestrafung nach § 164 StGB. grundsätzlich zu entziehen. Auf Wahrnehmung berechtigter Interessen konnte sich der Angeklagte nicht berufen. Keine Handlung, die durch ein Strafgesetz vorbehaltlos verboten ist, kann unter dem rechtlichen Gesichtspunkt der Wahrnehmung berechtigter Interessen erlaubt sein. (I, 25. Februar 1938.)

Amtl. Sammlg. S. 96—98.

Vgl. Bd. 39 S. 181; Bd. 71 S. 34.

37. **Fleischbeschau. Schlachtsteuer. Preisüberwachung. Verbrauch der Strafklage. Täterschaft. Beihilfe. Strafumwandlungsrecht. Ordnungsstrafrecht.** (FleischBeschG. §§ 19, 26, 27; StGB. §§ 49, 73; StPO. § 264; VO. vom 11. Dez. 1934 § 14, vom 4. Sept. 1934 § 1, vom 8. Jan. 1935.) Neun Fleischer wurden wegen fortgesetztem Vergehen gegen § 26 Nr. 3 FleischBeschG. in Tateinheit mit fortgesetzter Übertretung des § 27 Nr. 2, 3 als Mittäter verurteilt. Das Landgericht nahm an, sie hätten das Vergehen gegen § 26 Nr. 3 in drei Begehungsformen verübt: durch fälschliches Anbringen der Kennzeichen, durch wissentliches Feilhalten von Fleisch mit fälschlich angebrachten Kennzeichen und durch wissentlichen Verkauf solchen Fleisches. Drei Angeklagte legten Revision ein mit der Begründung, daß sie nur wegen Beihilfe hätten verurteilt werden sollen. Das Reichsgericht hob das ganze Urteil auf und verwies die Sache zurück. Für die Abgrenzung zwischen Mittäterschaft und Beihilfe kommt es regelmäßig entscheidend darauf an, ob der einzelne Beteiligte mit dem Willen des Täters oder mit dem des Gehilfen gehandelt hat; Art und Umfang des Tatbeitrags sind regelmäßig nicht für sich allein entscheidend. Bei Übertretungen ist die Beihilfe nicht strafbar, soweit nicht eine andere Regelung ausdrücklich getroffen ist; für den vorliegenden Fall

traf das nicht zu. § 27 Nr. 2 soll strafrechtlichen Schutz dafür gewähren, daß das zur Schlachtung bestimmte Vieh vor der Schlachtung untersucht wird. Wer Rindvieh oder Schweine schlachten oder schlachten lassen will, hat das vor der Schlachtung anzumelden. § 27 Nr. 3 soll strafrechtlichen Schutz dafür gewähren, daß nach der Schlachtung das durch die Schlachtung gewonnene Fleisch allen vorgeschriebenen Untersuchungen unterworfen wird, bevor es in den Verkehr kommt. Täter ist hier, wer das Fleisch verbotwidrig in den Verkehr bringt, d. h. die bei der Schlachtung bestehende Verfügungsgewalt des Eigentümers nach der Schlachtung auf einen anderen überträgt. § 26 Nr. 3 richtet sich gegen mißbräuchliche, namentlich fälschliche Kennzeichnung des bei einer Schlachtung gewonnenen Fleisches und das Ausnutzen einer solchen Kennzeichnung. Die Vorschrift ergänzt die Vorschriften über Urkundenfälschung und ist statt dieser anzuwenden. Bei der Begehungsform der fälschlichen Anbringung des Kennzeichens ist Täter, wer diese Handlung vornimmt; eine Teilnahme an der Handlung ist auch in der Form der Beihilfe möglich. Weiter verbietet § 26 Nr. 3 das wissentliche Feilhalten oder Verkaufen von Fleisch, an dem die Kennzeichen fälschlich angebracht sind. Täter ist hier regelmäßig der Eigentümer oder dessen Vertreter; Beihilfe ist möglich. Aus den Feststellungen des Landgerichts ergab sich, daß die Angeklagten gegen Vorschriften der Vieh- und Fleischbewirtschaftung verstoßen hatten. Diese Handlungen standen mit den abgeurteilten durchwegs im Verhältnis der Tateinheit und waren schon von anderen Stellen mit Ordnungsstrafen belegt. Es fragte sich, ob hiedurch die Strafklage verbraucht worden war oder ob die Ordnungsstrafen auf die im Urteil erkannten Strafen angerechnet werden mußten. Die Vorschriften hierüber sind nicht gleichheitlich. Vier Angeklagte waren von dem für ihren Viehwirtschaftsverband zuständigen Beauftragten der Hauptvereinigung der deutschen Viehwirtschaft wegen verschiedener Verstöße gegen die Vieh- und Fleischbewirtschaftung in Ordnungsstrafen genommen werden. Hier handelte es sich um keine Strafen im strafrechtlichen Sinne; die Strafbefugnis beruhte auf der Mitgliedschaft der Angeklagten zu besonderen Zusammenschlüssen. Sechs Angeklagte hatte der Regierungspräsident in seiner Eigenschaft als Leiter der Preisüberwachungsstelle mit Ordnungsstrafen belegt. Hier handelte es sich um eine besondere Sachlage. Die Ordnungsstrafbefugnis der Preisüberwachungsstelle ist davon abhängig, daß keine gerichtliche Strafverfolgung vorliegt oder vorgelegen hat. Die gerichtliche Strafe tritt nur auf Antrag ein; antragsberechtigt ist auch die Preisüberwachungsstelle selbst. Der Regierungspräsident als Leiter der Preisüberwachungsstelle hatte demnach insoweit nach seinem pflichtmäßigen Ermessen zunächst darüber zu entscheiden, ob er im einzelnen Falle gerichtliche Strafverfolgung für geboten oder eine Ahndung mit einer Ordnungsstrafe für ausreichend hielt. Die einmal durchgeführte Entscheidung hatte zur Folge, daß die gewählte Verfahrensart die Anwendung der anderen Verfolgungsart unzulässig machte. Der Verbrauch der Strafklage ist die Kehrseite des dem Strafrichter im einzelnen Falle zustehenden Rechts, die Strafklage umzuwandeln; er reicht soweit, als sich das Recht und die Pflicht des Richters zur Umgestaltung der Strafklage erstreckt. Das gilt auch für Fälle, in denen einem Teil der strafbaren Handlungen, die zu einer Tateinheit im strafrechtlichen Sinne gehören, nicht der ordentliche Strafrichter, sondern eine andere Stelle abgeurteilt hat. Eine Bestrafung, die eine solche Stelle ausgesprochen hat, bewirkt somit nur dann und nur insoweit den Verbrauch der Strafklage, als ihr Recht und Pflicht zugestanden hätte, die Strafklage umzugestalten und so auch den Teil der Handlungen, die zur Tateinheit gehören, mit abzuurteilen, der nunmehr in dem neuen Verfahren vor dem ordentlichen Strafrichter abzuurteilen wäre. Dem Regierungspräsidenten als dem Leiter der Preisüberwachungsstelle stand ein solches Umgestaltungsrecht hinsichtlich der Zuwiderhandlungen gegen das Fleischbeschaugesetz nicht zu. Insoweit war also die Strafklage noch nicht verbraucht, die Strafverfolgung also zulässig. Dagegen mußte die Strafe, die der Regierungspräsident verhängt hatte, bei den einzelnen Angeklagten auf die Strafe angerechnet werden, soweit sie wegen Zuwiderhandlungen gegen das Fleischbeschaugesetz festgesetzt wurde, die in Tateinheit mit den vom Regierungspräsidenten abgeurteilten Straftaten standen. Die Ordnungsstrafbefugnis des Reichsnährstandes und der Zusammenschlüsse ruht, solange und soweit die

Preisüberwachungsstellen Ordnungsstrafen zu verhängen befugt sind. Diese Vorschrift (VO. vom 4. September 1935) dient dem Zweck, Doppelbestrafungen zu vermeiden; sie liegt also auf derselben Linie wie das Verbot doppelter Bestrafungen, das aus dem Verbrauch der Strafklage folgt. Daher war weiter zu prüfen, ob nicht die Bestrafung der Angeklagten durch den Beauftragten der Hauptvereinigung der deutschen Viehwirtschaft bei der Strafbemessung deshalb zu berücksichtigen war, weil bereits im Verhältnis des Beauftragten und der Preisüberwachungsstelle eine Doppelbestrafung vorlag. Vier Angeklagte waren von der Schlachtsteuerstelle in Strafe genommen worden und hatten sich unterworfen. Die Bestrafung im Unterwerfungsverfahren steht einer rechtskräftigen Verurteilung gleich und ist geeignet, den Verbrauch der Strafklage herbeizuführen. Ein Verbrauch der Strafklage hinsichtlich der Zuwiderhandlungen gegen das Fleischbeschaugesetz schied aus, weil die Schlachtsteuerstelle insoweit nicht befugt war, die Strafklage umzugestalten; dagegen war die Strafe insoweit anzurechnen, als Tateinheit gegeben war. (I, 12. November 1937.) Amtl. Sammlg. S. 99—107. Vgl. Bd. 38 S. 349; Bd. 40 S. 231; Bd. 54 S. 285; Bd. 56 S. 161; Bd. 62 S. 154; Bd. 69 S. 98; Bd. 71 S. 59.

38. **Widernatürliche Unzucht. Tateinheit. Sicherungsmaßregel. Arbeitshaus.** (StGB. §§ 42 d, 73, 175 a, 361 Nr. 6.) Ein Bursche, der sich gewerbsmäßig zur Verübung von Unzucht mit Männern anbot, wurde wegen eines Verbrechens nach § 175 a Nr. 4 StGB. in Tateinheit mit einer Übertretung nach § 361 Nr. 6 StGB. zu Zuchthausstrafe verurteilt. Die Anordnung der Unterbringung in einem Arbeitshaus lehnte das Landgericht ab, weil nach § 42 d StGB. diese Anordnung nur neben Haftstrafe getroffen werden könne. Das Reichsgericht traf die Anordnung. Der in § 73 StGB. aufgestellte Grundsatz, daß im Falle von Tateinheit nur die schwerste Strafandrohung anwendbar sei, gilt lediglich für die Verhängung der Strafe, aber nicht für Sicherungsmaßnahmen. Die Vorschrift des § 42 d verbietet nur, die Unterbringung in einem Arbeitshaus wegen einer geringeren Strafe als Haft anzuordnen, nicht aber, wenn zufolge der Vorschriften über Tateinheit eine schwerere Strafe ausgesprochen wird. Ein Treiben von Unzucht ist auch schon

dann gegeben, wenn jemand sich zur Unzucht anbietet; der Nachweis der vollzogenen Unzucht ist nicht nötig. (III, 17. Februar 1938.) Amtl. Sammlg. S. 107—109.

39. **Rassenschande. Beweisführung. Irrtum. Versuch. Wahnverbrechen.** (StGB. §§ 43, 59; BlutSchG. § 2; 1. AusfVO. z. BlutSchG. § 15; 1. AusfVO. z. RBürgG. § 5.) Von der Anklage der Rassenschande sprach das Landgericht frei mit der Begründung, daß die jüdische Abstammung des Angeklagten nicht mit ausreichender Sicherheit nachzuweisen sei. Das Reichsgericht verwies die Sache zurück. Der Angeklagte war in Rußland geboren; ursprünglich war er wahrscheinlich Russe gewesen, hatte aber diese Staatsangehörigkeit verloren und keine andere erworben. Er hatte ursprünglich zugegeben, daß seine Eltern Juden waren, das aber später widerrufen. Feststand, daß er ursprünglich Jude gewesen war, dann griechisch-katholisch und später evangelisch wurde, daß er eine Jüdin geheiratet hatte und sich nach jüdischem Ritus hatte trauen und wieder scheiden lassen. Das Reichsgericht hob hervor, daß der Beweis der Zugehörigkeit zum jüdischen Blut nicht auf Urkunden beschränkt ist, sondern völlig frei geführt werden kann. Einen Anhaltspunkt kann auch die Einlassung des Angeklagten geben. Der Angeklagte hatte ursprünglich seine Abstammung von jüdischen Eltern zugegeben und, nachdem er sie widerrufen hatte, keine Belege für seine angebliche arische Abstammung beigebracht. Da er selbst jahrelang der jüdischen Religionsgesellschaft angehört hatte, war zu prüfen, ob sich hieraus Rückschlüsse auf das Glaubensbekenntnis seiner Eltern und Großeltern ziehen ließen. In die Prüfung war das ganze Vorleben des Angeklagten einzubeziehen. Auch eine rassenkundliche Untersuchung des Angeklagten in einer dafür in Betracht kommenden Anstalt konnte wertvolle Ergebnisse vermitteln. Wenn die jüdische Abstammung des Angeklagten nicht erweislich war, kam in Frage, ob er sich nicht wenigstens der versuchten Rassenschande schuldig gemacht hatte. Eine solche lag vor, wenn er nach seiner Vorstellung von mindestens drei volljüdischen Großeltern abstammte. Ein Wahnverbrechen war in diesem Falle nicht gegeben. Der Angeklagte hatte dann nicht ein erlaubtes Handeln rechtsirrig als verboten angesehen, sondern einen Tatbestand angenommen, der ein vollendetes Verbrechen gewesen

wäre, wenn die Umstände so gelagert gewesen wären, wie er angenommen hatte. Wie die Nichtkenntnis vorhandener (zum gesetzlichen Tatbestand gehörender oder die Strafbarkeit erhöhender) Tatumstände zugunsten, so wirkt umgekehrt die irrige Annahme nicht vorhandener Tatumstände zu Lasten des Täters. (II, 3. März 1938.)

Amtl. Sammlg. S. 109—113.

Vgl. Bd. 47 S. 189; Bd. 66 S. 124; Bd. 70 S. 218; JW. 1936 S. 3472.

40. Meineid. Strafermäßigung. Personenstandsunterdrückung. Prozeßbetrug. Versäumnisurteil. (StGB. §§ 153, 154, 157, 169, 263; StPO. §§ 264, 266; ZPO. § 331.) Ein Mädchen, das unehelich ein Kind geboren hatte, erklärte gegenüber dem Amtsvormund, daß sie während der Empfängniszeit nur mit e i n e m Manne Geschlechtsverkehr gehabt habe. Der Amtsvormund erhob gegen diesen Mann Klage auf Unterhalt. Als Zeugin vernommen beschwor sie ihre Angabe. Diese entsprach nicht der Wahrheit. Sie wurde wegen Meineids verurteilt. Das Reichsgericht verwies die Sache zurück. Durch ihre falsche Angabe gegenüber dem Amtsvormund konnte die Angeklagte den Tatbestand des § 169 StGB. verwirklicht haben; die gleiche Verfehlung konnte sie durch die Leistung des Meineids verübt haben. Bei der Prüfung war aber dem inneren Tatbestand besondere Aufmerksamkeit zuzuwenden. Ein Vergehen dieser Art lag nicht vor, wenn der Vorsatz der Angeklagten nicht auf Unterdrückung des Personenstandes, sondern nur darauf gerichtet war, für das Kind einen Unterhaltsbeitrag zu erlangen. der rechtlich nicht begründet war. Wenn Tateinheit zwischen dem Vergehen und dem Meineid bestand, konnten die beiden Taten ohne weiteres miteinander abgeurteilt werden; wenn aber Handlungen, die vor dem Meineid lagen, als selbständige Taten anzusehen waren, mußten diese zuvor in das Verfahren einbezogen werden; denn das geschichtliche Vorkommnis, wegen dessen das Verfahren eröffnet war (die Leistung des Meineids) umfaßte diese früheren Taten nicht. Das Verhalten der Angeklagten konnte auch den Tatbestand des Betrugs erfüllen. Wird in einem Unterhaltsstreit der Richter durch eine falsche Zeugenaussage der unehelichen Mutter veranlaßt. den angeblichen Kindsvater zu einer Unterhaltsleistung an das Kind zu verurteilen, so ist damit der Verurteilte geschädigt und der Betrug, wenn der innere Tatbestand gegeben war, vollendet. Dem stand auch nicht im Wege, daß der angebliche Kindsvater im Versäumniswege verurteilt worden war. Prozeßbetrug kann nicht nur durch eine falsche Zeugenaussage, sondern auch durch eine bewußt falsche Parteibehauptung begangen werden, auch wenn keine Beweismittel benannt worden sind. Auch im Versäumnisverfahren hat der Richter das Urteil zu versagen, wenn er die Klagebehauptung für bewußt falsch hält. Die entgegengesetzte frühere Auffassung gilt heute nicht mehr. Da im vorliegenden Falle der Amtsvormund die Klage erhoben hatte, war zu prüfen, ob nicht die Angeklagte sich seiner als mittelbare Täterin zum Vorbringen falscher Angaben bedient hatte; dann konnte die Erschleichung des Versäumnisurteils als vollendeter Betrug angesehen werden. Auch dann, wenn die Angeklagte die Täuschung erst durch den Meineid begangen hätte, wäre vollendeter Betrug anzunehmen gewesen, da der Amtsvormund im Vertrauen hierauf die Klage in dem Termin, in dem der Beklagte ausblieb, aufrechterhielt und infolge der Täuschung des Richters das Versäumnisurteil erlassen wurde. Auch bei Prüfung der Frage, ob Betrug gegeben war, mußte der Feststellung des inneren Tatbestandes besondere Achtsamkeit zugewendet werden. Hatte sich die Angeklagte vor der Eidesleistung einer Unterdrückung des Personenstandes oder eines Betrugs schuldig gemacht, so bestand für sie die Gefahr, wegen dieser Taten strafrechtlich verfolgt zu werden. Das traf nicht zu, wenn nur versuchter Betrug vorlag; in diesem Falle würde in der Angabe der Wahrheit bei der eidlichen Vernehmung ein freiwilliger Rücktritt vom Versuch zu finden gewesen sein, der diesen straflos machte. Sofern Tateinheit zwischen Meineid und Betrug angenommen wurde, war die Strafe aus § 263 StGB. zu entnehmen, auch bei Tateinheit zwischen Meineid und versuchtem Betrug; falls die Anwendung des § 157 StGB. abgelehnt wurde, war nach § 161 StGB. die dauernde Unfähigkeit der Angeklagten auszusprechen, als Zeugin vernommen zu werden, obwohl die Strafe aus § 263 StGB. entnommen wurde. (II, 20. Dezember 1937.) Amtl. Sammlg. S. 113—118.

Vgl. Bd. 20 S. 391; Bd. 34 S. 24; Bd. 39 S. 220, 252;

Bd. 41 S. 301; Bd. 42 S. 410; Bd. 46 S. 268; Bd. 53 S. 206; Bd. 59 S. 104; Bd. 60 S. 56, 285; Bd. 61 S. 310; Bd. 63 S. 391; Bd. 69 S. 44; Bd. 71 S. 101; JW. 1936 S. 196, 2994, 3460; 1937 S. 469, 1792, 2391.

41. Obhutspflicht. Böswillige Vernachlässigung. (StGB. § 223 b). Die Frau eines Bauern litt an Veitstanz und war mehrere Monate bettlägerig. Der Mann ließ sie ohne Hilfe, so daß sie in einen Zustand völliger körperlicher Verwahrlosung geriet. Gegenüber der Anklage wegen böswilliger Vernachlässigung wandte er ein, daß er nicht böswillig gehandelt habe. Seine Verurteilung wurde vom Reichsgericht bestätigt. Die Böswilligkeit kennzeichnet als Wesentliches einen inneren Vorgang, der noch über die Absicht hinausgeht und seinen Ursprung in einer verwerflichen Gesinnung hat. Im Sinne des § 223 b StGB. liegt Böswilligkeit dann vor, wenn der Täter seine Obhutspflicht, obwohl er sie klar erkennt, aus einem verwerflichen Beweggrunde vernachlässigt. Es macht nichts aus, ob der Beweggrund sich gegen den Fürsorgeberechtigten richtet, z. B. bei einem Handeln aus Haß oder Rache, oder ob der Täter sein Ich in den Vordergrund stellt, z. B. bei sadistischer Neigung oder aus Eigennutz. Die Tat kann auch durch ein Unterlassen begangen werden, wenn eine Rechtspflicht zum Handeln besteht. Der Vorsatz hat sich auf das äußere Tun oder Unterlassen und auf die Gesundheitsbeschädigung zu erstrecken; bei der Gesundheitsschädigung genügt bedingter Vorsatz. (II, 28. Februar 1938.)

Amtl. Sammlg. S. 118—119.

Vgl. Bd. 48 S. 174; Bd. 63 S. 287; Bd. 66 S. 139; JW. 1935 S. 527.

42. Devisenrecht. Straffreiheit. Rechtsirrtum. (StGB. § 59; DevG. § 44; RG. vom 15. Dez. 1936.) Ein Deutscher wanderte im Jahre 1928 nach Südamerika aus. Anfang 1936 kehrte er nach Deutschland zurück. Über seine Ersparnisse verfügte er in der Weise, daß er einen Teil in Registermark umwandelte, für den Rest Schweizer Franken kaufte und auf eine Bank in Basel überweisen ließ. Bei der Einreise hatte er auch noch verschiedene Beträge in ausländischen Geldsorten bei sich. Im April 1936 fuhr er in die Schweiz; er nahm dabei 60 Papierdollars mit. Den größeren Teil davon gab er in der Schweiz für seine persönlichen Bedürfnisse aus; den Rest brachte er nach

Deutschland zurück. Das Geld auf der Bank in Basel setzte er in Registermark um; die Beträge verwandte er in Deutschland für seine persönlichen Bedürfnisse; einen Teil gab er einem Freund als Darlehen. Er wurde verurteilt:

1. wegen unberechtigten Erwerbs und mißbräuchlicher Verwendung von Registermark,
2. wegen des Nichtanbietens von Devisen,
3. wegen Verbringen von Devisen ins Ausland,
4. wegen unberechtigten Verfügens über ausländische Zahlungsmittel.

Die Straftaten unter 2—4 wurden als natürliche Einheit angesehen, außerdem angenommen, daß der Angeklagte seine Handlungen und Unterlassungen in einem fahrlässig verschuldeten Irrtum über die Anwendbarkeit devisenrechtlicher Vorschriften begangen habe. Auf die Revision des Angeklagten verwies das Reichsgericht die Sache zurück. Zur Frage der Straffreiheit hatte das Landgericht nicht Stellung genommen, sondern nur erwähnt, daß der Angeklagte wegen nicht rechtzeitigen Anbietens verschiedener nach Deutschland eingeführter Geldsorten nicht verfolgt werde, weil er sie nachträglich abgeliefert habe. Die Annahme, daß der Angeklagte nur in dem Umfang nicht verfolgt werden könne, als er nachträglich seiner Ablieferungspflicht genügte, erklärte das Reichsgericht für irrig. Durch die Ablieferung einzelner Geldsorten erlangte der Angeklagte allerdings keine Straffreiheit hinsichtlich aller Vermögenswerte, deren Anzeige er unterlassen hatte; vielmehr war hinsichtlich jeder Forderung und jeder Geldsorte gesondert zu prüfen, ob die Voraussetzungen der Straffreiheit vorlagen. Hiebei war aber darauf zu achten, daß nach dem Gesetz vom 15. Dezember 1936 Straffreiheit nicht nur wegen der einen Straftat, auf die sich die nachträgliche Ablieferung bezieht, sondern wegen aller Straftaten gewährt wird, die mit dieser einen zusammenhängen. Wenn der Angeklagte (was nicht festgestellt worden war) den Rest der 60 Papierdollars abgeliefert hatte, war zu prüfen, ob er nicht dadurch Straffreiheit für alle Straftaten erlangt hatte, die sich auf die gesamten Papierdollars bezogen. Die Auffassung des Landgerichts, daß die Straftaten unter 2—4 eine natürliche Handlungseinheit bildeten, erklärte das Reichsgericht für falsch; eher war eine Tateinheit zwischen dem unerlaubten Erwerb von

Registermark und der unerlaubten Verfügung über ausländische Zahlungsmittel und Forderungen denkbar. Vom Standpunkt des Landgerichts aus war es aber von vornherein verfehlt, die Frage des Zusammentreffens der mehreren Straftaten des Angeklagten für den Fall zu entscheiden, daß dieser wegen vorsätzlichen Handelns zu verurteilen war. Bevor an eine Prüfung der Voraussetzungen des § 44 DevG. herangegangen werden konnte, war nach allgemeinen Regeln des Strafrechts zu untersuchen, ob die einzelnen Merkmale der vorsätzlichen Begehung von Devisenverfehlungen vorlagen; erst wenn das feststand, konnte geprüft werden, ob der Angeklagte seine Tat für erlaubt gehalten hatte. Diese Prüfung war für jede Straftat gesondert vorzunehmen. Es war denkbar, daß von den Straftaten, die der Angeklagte begangen hatte, die eine nach § 44 Abs. 1 DevG. straffrei blieb, die zweite nach § 44 Abs. 2 DevG. als fahrlässig begangen anzusehen war, die dritte aber als vorsätzliche Straftat erschien. In einem solchen Falle schied die erste Straftat für die Frage des rechtlichen Zusammentreffens aus; für die beiden anderen Straftaten war zu prüfen, ob sie nach den Merkmalen, die ihre Strafbarkeit bedingten, tateinheitlich zusammentrafen, ob also der eine oder andere Handlungsteil zur Verwirklichung des Tatbestandes der vorsätzlich begangenen Straftat und zugleich auch zur Verwirklichung des Tatbestandes der fahrlässig begangenen Straftat beigetragen hatte. Standen mehrere fahrlässige Handlungen im Sinne des § 44 Abs. 2 DevG. in Frage und bestand die Fahrlässigkeit in einem Unterlassen, so konnte die Tateinheit auch dadurch hergestellt werden, daß die mehreren Straftaten auf dieselbe Unterlassung zurückzuführen waren. Die Gewährung der Straffreiheit war davon abhängig, daß der Angeklagte aus unverschuldetem Irrtum über das Bestehen oder die Anwendbarkeit devisenrechtlicher Vorschriften seine Taten für erlaubt gehalten hatte. Das Reichsgericht erklärte, daß ein solcher Irrtum jedenfalls hinsichtlich der ungesetzlichen Verwendung von Registermark nicht anerkannt werden könne. Der Angeklagte hatte schon vor seiner Abreise ein Merkblatt erhalten und auch gelesen, aus dem sich deutlich ergab, daß die Registermarkbeträge nur für den persönlichen Reisebedarf verwandt werden dürfen. Es lag kein

Grund für die Annahme vor, daß der Angeklagte den Sinn des Verbots nicht erfaßt hatte. Wenn er sich auf Mitteilungen nichtamtlicher Personen verließ, reichte das nicht aus, ihn straffrei zu machen. § 44 DevG. hat den Sinn, daß von Strafe freibleiben soll, wer bei der Fülle und Verwickeltheit der gesetzlichen Vorschriften die wahre Rechtslage nicht erkannt hat und auch nicht ohne weiteres hat erkennen können. (I, 4. März 1938.)

Amtl. Sammlg. S. 119—126.
Vgl. Bd. 72 S. 82.

43. Gefangener. Zuhälterei. (StGB. § 181 a.). Eine Dirne schickte ihrem Zuhälter, der sich in Untersuchungshaft befand, wiederholt aus ihrem Unzuchtverdienst Geld, das er zur Beschaffung von Zukost verwandte. Damit wurde der Tatbestand der ausbeuterischen Zuhälterei nicht erfüllt. Zum Begriff des Zuhälters gehört stets ein besonders geartetes persönliches Verhältnis zur Dirne. Es muß mindestens zwischen beiden die Möglichkeit und Gepflogenheit bestehen, von Zeit zu Zeit auch äußerlich in persönliche Beziehungen zu treten, so daß der Zuhälter in der Lage ist, persönlichen Einfluß auf das Gewähren des Lebensunterhalts auszuüben (ausbeuterische Zuhälterei) oder die Unzucht zu fördern (kupplerische Zuhälterei). Bei einem Manne, der sich in Gefangenschaft befindet, ist das nicht möglich. (IV, 4. März 1938.)

Amtl. Sammlg. S. 126—128.

44. Meineid. Eidesstattliche Versicherung. Strafermäßigung. Parteigericht. (StGB. §§ 156, 157; RG. zur Sicherung der Einheit von Partei und Staat §§ 3, 8; RG. vom 30. September 1936.) Vor einem Parteigericht gab ein Zeuge eine Versicherung an Eides Statt ab, die der Wahrheit nicht entsprach. Die gleiche Aussage machte er später auf Eid. Er wurde wegen Meineids verurteilt. Das Reichsgericht verwies die Sache zurück. Das Schwurgericht hatte nicht geprüft, ob der Angeklagte in Gefahr war, durch Angabe der Wahrheit sich einer Verfolgung wegen eines Verbrechens oder Vergehens auszusetzen. Ob der Angeklagte mit einer solchen Verfolgung rechnete, war ohne Belang. Die Parteigerichte sind zuständig, eidesstattliche Versicherungen entgegenzunehmen. Bis zum Gesetz vom 30. September 1936 hatten sie die Amtsgerichte zu ersuchen, wenn sie eine eidliche Vernehmung für notwendig hielten; seit diesem Gesetz ist ihnen das Recht der eidlichen Einvernahme von Zeugen und Sachverständigen erteilt worden. Die weitgehende Ähnlichkeit, die zwischen dem Straf- und Dienststrafverfahren einerseits, dem parteigerichtlichen Verfahren anderseits besteht, läßt es zu, die Grundsätze darüber, ob und wieweit im Strafverfahren und im Dienststrafverfahren eidesstattliche Versicherungen zulässig sind, für das parteigerichtliche Verfahren entsprechend anzuwenden. Im Strafverfahren ist die Verwendung eidesstattlicher Versicherungen von Zeugen zwar insoweit unzulässig, als sie für Tatsachen, die für die Entscheidung der Schuldfrage Bedeutung haben, unmittelbar Beweis liefern sollen. Im übrigen ist die Entgegennahme eidesstattlicher Versicherungen zulässig; sie ist auch nicht auf die Fälle beschränkt, in denen eine Glaubhaftmachung vorgeschrieben ist. (III, 14. März 1938.)

Amtl. Sammlg. S. 129—132.

Vgl. Bd. 71 S. 265.

45. Unlauterer Wettbewerb. Angestelltenbestechung. (UnlWG. § 12.) Der Eigentümer eines Motorschiffs, der damit auf einem See die Schiffahrt ausübte, gab den Führern großer Kraftwagen, auch solchen der Reichspost, Trinkgelder, damit sie seine Bootsführer durch Hupenzeichen verständigten, wenn Fahrgäste eine Fahrt auf dem See machen wollten. Der Eigentümer eines Motorboots, das an anderer Stelle anlegte, stellte gegen ihn Strafantrag wegen Angestelltenbestechung. Das Landgericht erkannte auf Freisprechung; das Reichsgericht bestätigte das Urteil. Zum Tatbestand der Angestelltenbestechung gehört, daß angestrebt wird, durch unlauteres Verhalten des Angestellten beim Bezug von Waren oder gewerblichen Leistungen für sich oder einen Dritten eine Bevorzugung zu erlangen. Auf den Angestellten muß gerade in dieser Eigenschaft eingewirkt, auf ein bestimmtes Verhalten innerhalb seines Dienstverhältnisses abgezielt worden sein; es muß sich um den Bezug von Waren oder gewerblichen Leistungen im Verhältnis zwischen dem Geschäftsherrn des Angestellten und dem Täter oder dem zu bevorzugenden Dritten handeln, wobei es gleichgültig ist, wer von beiden liefert und wer bezieht. An diesem Merkmale fehlte es hier. Der Angeklagte hatte nicht auf das Verhalten der Kraftwagenführer innerhalb ihres Dienstverhältnisses zu ihren Geschäftsherrn eingewirkt. Das galt namentlich auch hinsichtlich der Reichspost, soweit diese als Inhaberin eines geschäftlichen Betriebs anzusehen war. (III, 21. März 1938.) Amtl. Sammlg. S. 132—133.

Vgl. Bd. 47 S. 183; Bd. 60 S. 81, 380.

46. Prozeßbetrug. Parteiverrat. Irrtum. (StGB. §§ 59, 263, 356; RAO. § 32.) A. hatte zwei Hypothekforderungen zu 10500 RM und 4500 RM gegen K.; für die persönliche Schuld haftete auch R. Die Forderung zu 10500 RM trat er an V. ab. Im Auftrag von A. erhob Rechtsanwalt E. Klage gegen R. auf Zahlung von 6000 RM. Zur Begründung brachte er vor, A. stehe eine Forderung von 15000 RM zu, wovon ein Teilbetrag eingeklagt werde. Auf den Einwand, daß davon 10500 RM an V. abgetreten seien, verlangte er Zahlung von 4500 RM an A. und von 1500 RM an V. Die Klage wurde abgewiesen. Gegen das Urteil legte E. Berufung ein. Auf die Aufforderung, zu erklären, inwieweit A. berechtigt sei, Zahlung an V. zu verlangen, behauptete er wahrheitswidrig, V. habe 6100 RM an A. zur Einziehung abgetreten. Der Gegenanwalt bestritt diese Behauptung nicht, da er auf ihre Richtigkeit vertraute. Die Klage drang durch. Als dann V. von R. Zahlung forderte, verlangte dieser von E. Aufklärung. Dieser erklärte ihm, V. könne nichts machen; als V. Klage erhob, vertrat er R. in dem Rechtsstreit. R. wurde zur Zahlung an V. verurteilt. E. wurde wegen Prozeßbetrug und Parteiverrat angeklagt, aber freigesprochen. Das Reichsgericht verwies die Sache zurück. Der Angeklagte hatte sich dahin verteidigt, daß A. an V. nur die dingliche Forderung an dem Grundstück und seine persönliche Forderung gegen den Grundstückseigentümer abgetreten habe, nicht aber seine persönlichen Forderungen gegen die mithaftenden Gesamtschuldner. Das Landgericht hatte angenommen, daß der Angeklagte durch seine unwahren Angaben im Rechtsstreit nur die Verurteilung des Beklagten zu einer Leistung erreicht habe, die A. aus einem anderen Grunde habe fordern können; es hatte hienach das Vorliegen eines Betrugs verneint, weil eine Schädigung des R. nicht eingetreten sei. Dabei war außer acht gelassen, daß der Angeklagte die Ansprüche des A. in einem Rechtsstreit durchsetzen wollte und sie hier nur nach den Regeln der Zivilprozeßordnung durchsetzen konnte. Das Landgericht hätte prüfen müssen, ob der Angeklagte im Rechtsstreit auf geradem Wege, mit der jetzt geltend gemachten Begründung, eine Verurteilung hätte erreichen können, und was er als Anwalt darüber gedacht habe. Hätte er die Klage in der Weise begründet, wie er zu seiner Verteidigung vorbrachte, und wäre diese Behauptung bestritten worden und unerweislich geblieben, so hätte die Klage abgewiesen werden müssen; es war also nach der äußeren Seite des Tatbestands keinesfalls richtig, daß A. im Rechtsstreit durch das lügenhafte Vorbringen des Angeklagten nur erhalten habe, was ihm das angerufene Gericht ohnehin hätte zusprechen müssen. Nach der inneren Seite des Tatbestands wäre dann zu untersuchen gewesen, ob der Angeklagte das erkannt hatte. Frühere Entscheidungen des Reichsgerichts, daß die Ordnungswidrigkeit des zur Erlangung eines Vorteils gebrauchten Mittels den Vermögensvorteil noch nicht zu einem rechtswidrigen mache, hatten nur Fälle im Auge, in denen der Vermögensvorteil außerhalb eines Rechtsstreits erstrebt wurde. Für Täuschungshandlungen innerhalb eines Rechtsstreits kann das keine Geltung haben. Im bürgerlichen Streitverfahren darf die Partei ihre Ansprüche nur in der vom Gesetz erlaubten Weise geltend machen und nur mit den dort zugelassenen Mitteln erweisen. Die Partei hat auch nur Anspruch darauf, daß der Richter über einen Sachverhalt entscheide, der in erlaubter Weise zum Gegenstand des Rechtsstreits gemacht worden ist. Diese Voraussetzung wird durch das Vorbringen eines erdichteten Sachverhalts nicht erfüllt. Die Partei, die verlangt, daß der Richter einen falschen Sachverhalt seiner Entscheidung zugrunde lege, hat die Absicht, sich einen rechtswidrigen Vermögensvorteil zu verschaffen, wenn sie sich bewußt ist, daß sie dieselbe Entscheidung durch Vorbringen des wahren Sachverhalts nicht oder nicht mit der gleichen Sicherheit erreichen könne. In dem Maße, in dem der Kläger den Anspruch, den er geltend macht, mit den zulässigen Mitteln nicht erweisen kann, verliert der Anspruch an Wert; die Zuerkennung des Anspruchs durch einen erschlichenen Richterspruch bedeutet also eine Verbesserung der Vermögenslage des Klägers und entsprechend eine Verschlechterung der Vermögenslage seines Gegners. Eine solche Vermögensschädigung war schon dadurch eingetreten, daß der Anwalt des Gegners im Vertrauen auf die Richtigkeit des Vorbringens des Angeklagten dieses nicht bestritt; nach der damaligen Fassung des § 138 ZPO. galt damit dies Vorbringen als zugestanden. Selbst wenn der Ausgang des Rechtsstreits nur zweifelhaft gewesen wäre, schloß das die Verurteilung des Angeklagten nicht aus; auch der, dem es durch Täuschung gelingt, eine unsichere Rechtslage in eine sichere zu verwandeln, schädigt das Vermögen des anderen in dem Bestreben, sich einen rechtswidrigen Vermögensvorteil zu verschaffen. — In dem Rechtsstreit B. gegen R. handelte es sich um dieselbe Rechtssache wie im Rechtsstreit A. gegen R. Das eine Mal hatte der Angeklagte A., das andere Mal R. vertreten; er hatte also in derselben Rechtssache beiden Parteien durch Rat und Beistand gedient. Das Landgericht hatte ihn von der Anklage des Parteiverrats freigesprochen, weil es annahm, daß alle durch die Vorschrift des § 356 StGB. geschützten Personen mit seinem Verhalten einverstanden waren. Das Reichsgericht erklärte nachdrücklich, daß es auf dieses Einverständnis nicht ankomme. Es ist allerdings in der Rechtsprechung anerkannt, daß ein Anwalt mehrere Parteien vertreten dürfe, die zwar entgegengesetzte Interessen haben, diese aber zunächst unausgetragen lassen und vorerst im Angriff oder in der Abwehr gegen einen Dritten zusammenstehen wollen. Damit hatte der vorliegende Fall eine gewisse Ähnlichkeit, da in dem Rechtsstreit B. gegen R. sowohl R. als A. an der Niederlage des B. interessiert waren. Es bestand aber ein wesentlicher Unterschied in zwei Punkten: der Interessengegensatz zwischen A. und R. war schon Gegenstand eines Rechtsstreits gewesen, also keineswegs zurückgestellt worden; infolge des Verhaltens des Angeklagten im Rechtsstreit A. gegen R. war auch die Rechtslage so gestaltet worden, daß der Angeklagte in dem Rechtsstreit B. gegen R. die Belange des R. nicht sachgemäß wahrnehmen konnte, ohne die Belange seines früheren Auftraggebers A. zu verletzen. Die Belange des R. hätten erfordert, daß er die volle Wahrheit über das Rechtsverhältnis erfuhr, das zwischen A. und B. bestand; er hätte ihm sagen müssen, daß das frühere Urteil durch Täuschung des Gerichts zustande gekommen war. Der Angeklagte hatte also in dem zweiten Rechtsstreit die

Vertretung von Interessen übernommen, die den früher vertretenen entgegengesetzt waren; damit hatte er pflichtwidrig gehandelt. Es konnte sich nur fragen, ob er sich dieser Pflichtwidrigkeit bewußt geworden war. Die Pflichtwidrigkeit der Handlungen eines Rechtsanwalts bestimmt sich nach einem Gesetz, das nicht dem Gebiete des Strafrechts angehört, ein Irrtum des Angeklagten war also als Irrtum über Tatumstände zu seinen Gunsten zu berücksichtigen. Eine Ausnahme hievon hätte nur ein Irrtum über den Begriff „dieselbe Rechtssache" gemacht. Es lag nahe anzunehmen, daß der Angeklagte bei der Übernahme des Auftrags des R. erkannte, daß er dessen Belange nur dann sachgemäß vertreten könne, wenn er ihm offenbare, was im Interesse des A. besser verborgen blieb. Aus dieser Erkenntnis würde sich dann ohne weiteres das Bewußtsein des Angeklagten von der Pflichtwidrigkeit seines Handelns ergeben, auch wenn er den Interessengegensatz nicht in voller Schärfe erkannte. (I, 22. März 1938.) Amtl. Sammlg. S. 133—142. Vgl. Bd. 11 S. 72; Bd. 45 S. 305; Bd. 62 S. 155, 289; Bd. 64 S. 344; Bd. 71 S. 231, 253; JW. 1923 S. 403.

47. **Sicherungsverfahren. Antragsschrift.** (StGB. § 51; StPO. §§ 140, 156, 211, 429 a.) Mit der Anklageschrift reichte der Staatsanwalt einen Begleitbericht ein, worin er beantragte, den Angeklagten auf seinen Geisteszustand untersuchen zu lassen. Das geschah. Das Gutachten äußerte sich dahin, daß der Angeklagte zur Zeit der Tat geisteskrank gewesen sei. Das Landgericht eröffnete das Hauptverfahren und ordnet in seinem Urteil die Unterbringung in einer Pflegeanstalt an. Das Reichsgericht stellte das Verfahren ein. Das vom Landgericht durchgeführte Sicherungsverfahren hätte eine entsprechende Antragsschrift des Staatsanwalts vorausgesetzt. Diese hat für das Sicherungsverfahren dieselbe Bedeutung wie die Anklageschrift für das Strafverfahren. Es war daher von Amts wegen zu prüfen, welche Bedeutung für das Verfahren der Mangel einer solchen Antragsschrift hatte. Da der Staatsanwalt mit der Anklageschrift die Eröffnung des Hauptverfahrens beantragt hatte, konnte das Landgericht nicht einfach von sich auch das Sicherungsverfahren einleiten; es ist in das Ermessen des Staatsanwalts gestellt, ob er die Einleitung eines solchen Verfahrens beantragen will.

Die Auffassung, daß die Anklageschrift zugleich eine solche Antragsschrift enthalte, wurde vom Reichsgericht nicht gebilligt. Die Anklageschrift ist auf die Eröffnung des Hauptverfahrens gerichtet, während die Antragsschrift gerade voraussetzt, daß der Staatsanwalt das Strafverfahren nicht durchführen will. Das Sicherungsverfahren ist als ein selbständiges Verfahren neben dem Strafverfahren geregelt, um die Anordnung der Unterbringung in den Fällen zu ermöglichen, in denen ein Strafverfahren nicht durchgeführt werden kann, weil der Angeklagte zur Zeit der Tat unzurechnungsfähig gewesen ist. Daß im vorliegenden Falle die Staatsanwaltschaft mit dem Verfahren des Gerichts einverstanden war, änderte nichts daran, daß es für dieses Verfahren an einer Voraussetzung fehlte. Die vom Reichsgericht verfügte Einstellung des Verfahrens bedeutete keine sachliche Erledigung des Falles und hinderte nicht, daß der Staatsanwalt die Anklage zurücknahm und durch Einreichung einer Antragsschrift das Sicherungsverfahren einleitete oder daß das Gericht, wenn die Anklage aufrechterhalten wurde, nunmehr die Eröffnung des Hauptverfahrens ablehnte. Weiter erklärte das Reichsgericht es für zulässig, daß der Staatsanwalt in die Anklage zugleich den Hilfsantrag auf Einleitung des Sicherungsverfahrens aufnahm für den Fall, daß das Gericht die Eröffnung des Hauptverfahrens wegen Unzurechnungsfähigkeit des Angeklagten ablehnte. (II, 28. März 1938.)

Amtl. Sammlg. S. 143—145.

Vgl. Bd. 37 S. 407; Bd. 41 S. 152; Bd. 56 S. 113; Bd. 63 S. 266; Bd. 68 S. 291.

48. **Hehlerei. Ersatzsache. Entsprechende Anwendung.** (StGB. §§ 2, 259; BGB. §§ 249, 281, 816, 823.) A. hatte Versicherungsmarken veruntreut und von dem durch den Verkauf erlösten Gelde zwei Frauen Geschenke gemacht. Das Landgericht verurteilte die Frauen wegen Hehlerei. Ihre Revision hatte keinen Erfolg. Nach der früheren Rechtsprechung des Reichsgerichts konnte eine Hehlerei nur unmittelbar an den durch eine Straftat erlangten Sachen begangen werden, nicht aber an Sachen, die der Täter durch Verwertung der strafbar erlangten Sachen erworben hatte. Dem gesunden Volksempfinden hat dieses Ergebnis von jeher widersprochen; es lag also insofern die Voraussetzung für eine entsprechende Anwendung der Vorschrift

über Hehlerei vor. Auch die weitere Voraussetzung war gegeben, daß der Grundgedanke dieser Vorschrift auf die Tat zutraf. Die Ersatzsache tritt nicht nur nach natürlichem Rechtsempfinden an die Stelle der Sache, die der Täter durch die strafbare Handlung erlangt hat, sondern weitgehend auch nach ausdrücklicher gesetzlicher Regelung. Wer die Ersatzsache seines Vorteils wegen an sich bringt, trägt dazu bei, einen der Rechtsordnung widerstreitenden Zustand, eine rechtswidrige Vermögenslage, aufrecht zu erhalten. Die Ausdehnung des Hehlereibegriffs darf aber nicht ins Uferlose führen. Notwendig ist, daß die Beschaffung des Ersatzgutes für die durch die strafbare Handlung erlangte Sache zeitlich, örtlich und nach den sonstigen Umständen noch in so naher Beziehung zur Straftat steht, daß nach vernünftiger Auffassung ihr noch der Makel anhaftet, mit dem die zunächst erworbene Sache behaftet war. Das gesunde Volksempfinden wird es ermöglichen, hier die richtige Grenze zu ziehen, besonders wenn die Ersatzsache wiederholt in Ersatzsachen umgewandelt worden ist. Jedenfalls ist eine Hehlerei an Ersatzsachen möglich, die der Täter selbst mit dem Erlös aus den durch die Straftat erlangten Gegenständen gekauft hat; ebenso wenn der Täter die Schuld eines anderen mit dem Geld bezahlt, das er für den Gegenstand der Tat eingenommen hat. Daß der Mitgenuß gestohlener Lebensmittel entsprechend als Hehlerei bestraft werden kann, ist schon entschieden worden; dasselbe muß gelten, wenn die Lebensmittel nicht unmittelbar durch die strafbare Handlung erworben wurden, sondern Ersatzsachen im eben dargelegten Sinne waren. Für den inneren Tatbestand genügt es, wenn der Täter weiß oder den Umständen nach annehmen muß, daß es sich um eine Ersatzsache in diesem Sinne handelt; unschädlich ist es auch, wenn der Täter irrig annimmt, es handle sich um den Gegenstand der Vortat selbst und nicht um ein Ersatzgut. (IV, 18. März 1938.) Amtl. Sammlg. S. 146—148.

Vgl. Bd. 54 S. 281; Bd. 70 S. 384; Bd. 71 S. 341; Bd. 72 S. 56; RGZ. Bd. 105 S. 89; Bd. 115 S. 33.

49. **Rassenschande. Strafzumessung.** (BlutSchG. § 5.) Eine Jüdin besorgte einem alten und kranken deutschblütigen Manne seit langer Zeit den Haushalt; seit dem Jahre 1926 standen sie in geschlechtlichen Beziehungen

zueinander. Der Mann wurde wegen Rassenschande zu einer Gefängnisstrafe von drei Monaten verurteilt. Als strafmildernd wurde angesehen, daß er auf die Fürsorge anderer angewiesen war und daß es ihm bei der langen Dauer der Beziehungen offenbar nicht gelungen war, diese auf das erlaubte Maß zurückzuführen. Das Reichsgericht erklärte diese Begründung für rechtlich verfehlt. Sie würdigte den Angeklagten nur als Einzelwesen; über der Person steht aber das Volk. Das Blutschutzgesetz bezweckt, die Blutgemeinschaft des deutschen Volkes in ihrem Bestande zu sichern und rein zu erhalten; bei der Strafzumessung muß demnach ausschlaggebend das Maß der Verantwortungslosigkeit gewertet werden, das der Täter gegenüber der Volksgemeinschaft durch Gefährdung des deutschen Blutes und der deutschen Ehre gezeigt hat. Das Gesetz verbietet auch die Fortsetzung schon früher begründeter Beziehungen; die Aufrechterhaltung eines solchen Dauerverhältnisses auch noch über den Zeitpunkt hinaus, zu dem das Gesetz in Kraft getreten ist, wird vielmehr auf eine besonders hartnäckige Auflehnung gegen die nationalsozialistische Gesetzgebung schließen lassen und als Strafschärfungsgrund herangezogen werden können. (II, 28. März 1938.) Amtl. Sammlg. S. 148—149.

50. **Prozeßbetrug. Verjährung.** (StGB. §§ 43, 67, 163; ZPO. § 138.) Durch falsches Vorbringen in einem Rechtsstreit kann auch dann ein Prozeßbetrug begangen werden, wenn sich die Partei zur Bekräftigung ihrer unwahren Angaben nicht noch auf Beweismittel beruft. Das galt auch schon vor dem Erlaß des Gesetzes zur Änderung des Verfahrens in bürgerlichen Rechtsstreitigkeiten vom 27. Januar 1933, durch das die Wahrheitspflicht der Parteien ausdrücklich in die Zivilprozeßordnung aufgenommen wurde. Wenn die unwahre Behauptung vom Gericht nicht geglaubt wird, liegt Betrugsversuch vor. Angesichts der schweren Unrechtsfolgen, die durch eine Klageerhebung herbeigeführt werden können, hat der Kläger die Rechtspflicht noch vor der urteilsmäßigen Entscheidung des Rechtsstreits die Wahrheit zu offenbaren. Erst mit der rechtskräftigen Entscheidung zuungunsten des Klägers ist der Versuch beendet; von da an beginnt die Verjährung zu laufen (II, 31. März 1938.) Amtl. Sammlg. S. 150—151. Vgl. Bd. 69 S. 44; Bd. 72 S. 113; JW. 1936 S. 196; 1937 S. 2391.

51. Anstaltsunterbringung. Sicherungsverwahrung. (StGB. §§ 42 b, 42 n, 51). Gegen den für vermindert zurechnungsfähig erklärten Angeklagten hatte das Landgericht auf Sicherungsverwahrung erkannt. Die Revision, die darauf gestützt war, daß nur auf Anstaltsunterbringung hätte erkannt werden dürfen, hatte keinen Erfolg. Die Sicherungsverwahrung kann neben oder statt der Anstaltsunterbringung angeordnet werden, wenn die Anstaltsunterbringung nicht oder nicht dauernd ausreicht, um der Allgemeinheit den erforderlichen Schutz zu gewähren. Ob die Anstaltsunterbringung Heilung oder Besserung des Angeklagten verspricht, ist für die Auswahl unter den zulässigen Maßnahmen nicht entscheidend. Das Landgericht hatte seine Anordnung damit begründet, daß der Angeklagte weniger Kranker als Verbrecher sei, daß er an einer angeborenen Schwäche leide, die in der Anstalt nicht gebessert werden könne, daß er keiner Pflege, sondern einer energischen Führung und Erziehung bedürfe. Das Reichsgericht erklärte diese Gesichtspunkte für zutreffend. (III, 7. April 1938.) Amtl. Sammlg. S. 151—152.

Vgl. Bd. 68 S. 358; Bd. 69 S. 129.

52. Devisenrecht. Mittäterschaft. Beihilfe. (StGB. §§ 47, 49; DevG. §§ 9, 20, 25, 42). H. brachte im Auftrag von F. in zwei Fällen deutsche Wertpapiere aus dem Ausland über die Grenze und verkaufte sie im Inland; den Erlös händigte er in einem Falle an N. gegen Überlassung eines Sparkassenbuchs, das dieser im Ausland hinterlegt hatte, aus. H., F. und N. waren Devisenausländer; die Käufer der Wertpapiere waren Deviseninländer. Das Landgericht verurteilte H. und N. wegen eines fortgesetzten gemeinsamen Vergehens gegen § 42 Nr. 1 in Verbindung mit § 9 Abs. 1 DevG. und H. allein außerdem wegen eines damit in Tateinheit stehenden fortgesetzten Vergehens gegen § 42 Nr. 3 in Verbindung mit § 20 Abs. 1 DevG. Ihre Revision hatte keinen Erfolg. Die in den §§ 9 Abs. 1, 20 Abs. 1 aufgestellten Verbote sind auch von Devisenausländern zu beachten, weil sie von allgemeiner Bedeutung für die Devisenwirtschaft des Deutschen Reiches sind. Es handelte sich auch im gegebenen Falle nicht darum, daß die Angeklagten als Ausländer bei einer nur vorübergehenden Anwesenheit im Inland Geschäfte vorgenommen hätten, die ihre Wirkungen nur im Ausland äußerten und lediglich zur Bewirtschaftung ihres dort befindlichen Vermögens vorgenommen wurden; vielmehr war festgestellt, daß sie sich zum Zweck ihres verbotwidrigen Handelns in das Inland begeben hatten, daß hier die Reichsmarkforderung des F., über die der Vorschrift des § 20 DevG. zuwider verfügt wurde, erst entstanden war, daß diese Forderung aus einem Geschäft herrührte, das dem äußeren Sachverhalt nach im Widerspruch mit § 25 Abs. 1 DevG. vorgenommen worden war, und daß der verbotswidrige Erwerb der Forderung in ausländischer Währung zugleich mit einem Vergehen gegen § 42 Nr. 3 in Verbindung mit § 20 Abs. 1 DevG. stattgefunden hatte. Da sie bei ihren Handlungen zufolge ihrer Anwesenheit im Inland auch hinsichtlich ihrer Personen grundsätzlich den deutschen Strafgesetzen unterstanden, konnte die Strafbarkeit ihres Tuns nicht mit der Behauptung in Zweifel gezogen werden, sie hätten damit nicht in die deutsche Devisenhoheit eingegriffen. Unrichtig war nur, daß N. als Mittäter verurteilt worden war. Mittäter kann nur sein, wer die Tat als eigene will. N. unterstützte allerdings die Tat des H., aber nicht als seine eigene, sondern als eine fremde; er war also daran nur als Gehilfe beteiligt. Er nahm aber dadurch, daß er die Forderung aus dem Sparkassenbuch übertrug eine verbotwidrige Verfügung nach § 9 Abs. 2 DevG vor und war demgemäß nach § 42 Nr 3 DevG. zu bestrafen. Die Beihilfe zum Erwerb einer Forderung durch einen anderen ist die regelmäßige Begleiterscheinung einer Verfügung nach § 9 Abs. 2 DevG.; in ihr liegt also keine neue und weitere Straftat. Der Schuldspruch wurde vom Reichsgericht berichtigt, der Strafausspruch wurde durch den Fehler nicht berührt. (II, 7. April 1938.)

Amtl. Sammlg. S. 132—135.
Vgl. Bd. 64 S. 148; Bd. 68 S. 418.

53. **Zeugenbeweis. Nichtvereidigung. Offenbare Unglaubwürdigkeit.** (StPO. § 61 Nr. 5.) Das Landgericht hatte die Vereidigung eines Zeugen mit der Begründung unterlassen, daß seine Aussage unglaubwürdig sei. Das Reichsgericht betonte, daß eine offenbare Unglaubwürdigkeit vorliegen müsse. Die Unwahrheit der Aussage muß für jeden, der den Sachverhalt kennt, klar zutage liegen. Das Gesetz hat dem Richter als letztes Mittel,

um einen Zeugen zu einer wahrheitsgemäßen Aussage zu zwingen, **das Recht und die Pflicht, ihn zu vereidigen, an** die Hand gegeben. Dieses Mittel der Wahrheiterforschung darf der Richter nur dann aus der Hand geben, wenn die Unglaubwürdigkeit einer Aussage — und damit ihre Wertlosigkeit für die Wahrheitserforschung — keinem Zweifel unterliegt. Unerheblich ist eine Aussage, wenn ihr Inhalt weder für die Schuldfrage noch für die Strafzumessung von Bedeutung sein kann. Ob der Zeuge bewußt oder unbewußt die Unwahrheit sagt, ist ohne Belang. (III, 11. April 1938.) Amtl. Sammlg. S. 155—158.

Vgl. Bd. 70 S. 90; Bd. 71 S. 54.

54. **Kraftfahrzeuggesetz. Erschlichener Führerschein. Entsprechende Anwendung.** (StGB. § 2; KraftFahrzG. § 24.) B. war die Fahrerlaubnis entzogen worden, weil er sich einer fahrlässigen Tötung schuldig gemacht hatte. Er bestach einen Polizeibeamten, ihm den eingezogenen Führerschein wieder auszuhändigen, und benutzte ihn weiter. T. hatte wegen zahlreicher Vorstrafen keine Aussicht, einen Führerschein zu erhalten. Er bestach den gleichen Polizeibeamten, ihm einen solchen zu verschaffen; dieser tat das in der Weise, daß er für ihn einen Führerschein als angeblichen Ersatz für einen verlorenen Führerschein ausfertigte und von dem zuständigen Beamten unterschreiben ließ. Beide wurden wegen Vergehen gegen das Kraftfahrzeuggesetz verurteilt. Ihre Revision wurde verworfen. B. war zwar durch unlautere Machenschaften wieder in den Besitz eines Führerscheins gekommen, fuhr also nicht ohne Führerschein; bestehen blieb aber, daß ihm die Fahrerlaubnis entzogen war. T. war verurteilt worden, weil er ein Kraftfahrzeug geführt hatte, ohne einen Führerschein zu besitzen. Das erklärte das Reichsgericht für unrichtig; es entschied aber, daß diese Vorschrift entsprechend hätte angewendet werden können. Ein Kraftfahrzeug darf nach den Grundgedanken des Kraftfahrzeuggesetzes und der Straßenverkehrsordnung nur führen, wer die Fahrerlaubnis erhalten hat. Hienach verdient Strafe, wer ein Kraftfahrzeug führt, obwohl er sich den Führerschein auf unlautere Weise verschafft hat. Die Verurteilung wurde auch dadurch nicht ausgeschlossen, daß T. wegen Bestechung bestraft worden war; die Bestechung

und das Führen das Kraftfahrzeugs waren zwei rechtlich selbständige Handlungen. (I, 12. April 1938.)

Amtl. Sammlg. S. 158—161.
Vgl. Bd. 69 S. 350.

55. **Rassenschande. Abstammungsnachweis. Freie Beweiswürdigung.** (BlutSchG. §§ 2, 5.) Die Tatbestandsmerkmale der Zugehörigkeit zur jüdischen Rasse und der Deutschblütigkeit müssen im Urteil näher begründet werden. Die Rassengesetze machen die Bestimmung der Abstammung von der Rassenzugehörigkeit der Großeltern abhängig; der Richter muß sich darum ausdrücklich hierüber aussprechen. Wenn auch hier wie überall im Strafverfahren grundsätzlich nach freier Beweiswürdigung zu entscheiden ist, darf das doch nicht dahin verstanden werden, daß der Richter nicht verpflichtet wäre, alle geeigneten Beweismittel, die ihm zu Gebote stehen, zu benutzen, um in allen für die Entscheidung wesentlichen Punkten, soweit das dem menschlichen Erkenntnisvermögen irgend möglich ist, die Wahrheit zu erforschen. Im Strafverfahren wegen Rassenschande kann es in der Regel nicht ausreichen, sich mit bloßen Erklärungen der Beteiligten zu begnügen oder nur eine Geburtsurkunde dessen zu beschaffen, dessen Abstammung nachgewiesen werden soll; das um so weniger, als es sich in diesem Verfahren regelmäßig um die Verhängung schwerer Freiheitsstrafen handelt. Die völkischen Belange erfordern, daß die Rassenschande mit Entschiedenheit verfolgt wird; dem muß aber die Unanfechtbarkeit der Grundlagen des strafrechtlichen Einschreitens entsprechen. Von der Beibringung urkundlicher Nachweise wird regelmäßig nur dann abgesehen werden können, wenn der Nachweis schon anderweitig erbracht ist oder wenn ihre Beschaffung unverhältnismäßig schwierig ist, wie bei Personen, die im Ausland geboren sind. (IV, 29. März 1938.) Amtl. Sammlg. S. 161—163.
Vgl. Bd. 70 S. 21; Bd. 71 S. 336; Bd. 72 S. 109; JW. 1937 S. 42, 160, 753; 1938 S. 447.

56. **Sammelstraftat. Gewerbsmäßige Abtreibung. Verbrauch der Strafklage.** (StGB. § 218.) Eine Frau wurde wegen gewerbsmäßiger Abtreibung zu einer Gefängnisstrafe verurteilt, weil sie an zwei Frauen Abtreibungshandlungen vorgenommen hatte. Nachdem das Urteil rechtskräftig geworden war, stellte sich heraus, daß sie

um dieselbe Zeit noch an einer dritten Frau solche Handlungen vorgenommen hatte. Das Schwurgericht stellte das Verfahren hiewegen ein, weil die Strafklage durch die frühere Verurteilung verbraucht sei. Das Reichsgericht entschied, daß eine Abtreibung dadurch, daß sie gewerbsmäßig begangen wird, die Eigenschaft einer selbständigen Handlung nicht verliert. Nach der bisherigen Rechtsprechung wurden mehrere Abtreibungshandlungen, die mit dem Willen begangen wurden, sich durch wiederholte Begehung einen fortgesetzten Erwerb zu verschaffen, zu einer strafrechtlichen Einheit, einem sog. Sammelverbrechen, zusammengefaßt, in dem die einzelnen Handlungen, aus denen sich die Einheit zusammensetzte, aufgingen und damit ihre rechtliche Selbständigkeit verloren. Hieran wurde nicht mehr festgehalten. Das Wort „gewerbsmäßig" wird in verschiedener Verbindung gebraucht und kann je nach dem Sinn der einzelnen Vorschrift eine verschiedene Bedeutung haben. Die Auffassung, daß mehrere Fälle gewerbsmäßiger Abtreibung einem Gewerbebetriebe gleichzusetzen und deshalb strafrechtlich als eine Einheit zu behandeln seien, findet im Gesetz keine Stütze. Sie ist erst durch die Änderung des Strafgesetzbuchs vom 18. Mai 1926 an Stelle der früheren Abtreibung gegen Entgelt, der Lohnabtreibung, eingestellt worden; mehrere Lohnabtreibungen waren aber stets als Einzelhandlungen beurteilt worden. Die Behandlung mehrerer gewerbsmäßiger Abtreibungen als einer strafrechtlichen Einheit muß schon deshalb aufgegeben werden, weil sie zu Folgen geführt hat, die nicht mehr mit einer dem Volksempfinden entsprechenden Rechtspflege vereinbar sind. Die Annahme einer Sammelstraftat zwang notwendig dazu, auch solche Einzelhandlungen einzubeziehen, die dem erkennenden Gericht nicht bekannt waren; die Sammelstraftat ist eben eine Tat, die für Anklage, Aburteilung und Rechtskraftwirkung nicht in mehrere Einzelhandlungen zerlegt werden kann. In den Fällen, in denen es gelingt, vor Erlaß des Urteils die Tätigkeit des gewerbsmäßigen Abtreibers zum weitaus größten Teil aufzudecken und ihn so der verdienten Strafe zuzuführen, ist es zwar überflüssig, ihn nachträglich noch wegen des einen oder anderen Falles zur Verantwortung zu ziehen, der bei Erlaß des ersten Urteils unbekannt gewesen ist, dessen Kenntnis aber zu keiner wesentlichen Erhöhung der

Strafe geführt haben würde. Anders steht es aber da, wo bei Erlaß des ersten Urteils die Tätigkeit des gewerbsmäßigen Abtreibers erst zu einem kleinen Teil aufgedeckt war und der Umfang und die ganze Schädlichkeit seines Tuns erst nach der Rechtskraft dieses Urteils enthüllt worden ist. Daß die bisherige Rechtsprechung ein Hemmnis war, den Täter so zu strafen, wie er es verdiente, zeigte sich dann besonders deutlich, wenn nachträglich Fälle bekannt wurden, in denen die Abtreibungshandlungen weit schwerere Folgen für Leben und Gesundheit gehabt hatten als die Handlungen, die zunächst abgeurteilt worden waren. Die Nachteile der bisherigen Rechtsprechung sind seit dem Erlaß des Gesetzes gegen gefährliche Gewohnheitsverbrecher noch besonders fühlbar geworden. Die Annahme einer Sammeltat führte dazu, daß bei einer Verurteilung wegen einer aus zahlreichen schweren Einzeltaten bestehenden gewerbsmäßigen Abtreibung nicht auf Sicherungsverwahrung erkannt werden konnte, während eine solche zulässig war, wenn eine Verurteilung wegen mindestens drei Einzeltaten erfolgt war. Die Möglichkeit, unfruchtbare Arbeit zu vermeiden und Einzelfälle auszuscheiden, die für Strafe nicht ins Gewicht fallen, ist jetzt durch § 154 StPO. geschaffen. Welche Folgerungen für andere gewerbsmäßige Straftaten zu ziehen sind, bei denen nach dem Sinn der Strafvorschrift nicht der gewerbsmäßige Betrieb als solcher, sondern die aus strafwürdigem Erwerbswillen heraus begangene Einzeltat bestraft wird, blieb dahingestellt. (Großer Senat für Strafsachen, 21. April 1938.) Amtl. Samm g. S. 164—169.

57. **Falsche Anschuldigung. Veröffentlichungsbefugnis.** (StGB. §§ 164, 165. 196, 200.) Gegen mehrere Räte des Kammergerichts Berlin war eine Anzeige erstattet worden, die sich als falsch erwies. Das Landgericht verurteilte den Angeklagten wegen falscher Anschuldigung und sprach dem Präsidenten des Kammergerichts die Veröffentlichungsbefugnis zu. Das Reichsgericht hob das Urteil auf. Bei der Beleidigung wird die Veröffentlichungsbefugnis auch dem zugesprochen, der ein selbständiges Antragsrecht hat; deshalb erlangt der amtliche Vorgesetzte eines beleidigten Beamten, wenn er Strafantrag gestellt hat, das Recht, die Veröffentlichung vorzunehmen. Das ist aber darin begründet, daß die Beleidigung nur auf Antrag verfolgt

wird. Der Vorgesetzte, der Strafantrag gestellt hat, steht dem beleidigten Beamten im Strafverfahren zur Seite und handelt für ihn. Anders liegt die Sache bei der falschen Anschuldigung. Die Strafverfolgung bedarf hier keines Antrags; der amtliche Vorgesetzte ist meist in die Notwendigkeit versetzt, das Interesse des Täters, das ihm durch die Anschuldigung vorgetragen worden ist, gegen den Beamten zu verfolgen. Es fehlt also hier an einer inneren Berechtigung dafür, dem amtlichen Vorgesetzten an Stelle des Beamten die Veröffentlichungsbefugnis zuzuerkennen. Auch die Erwägung, daß die falsche Anschuldigung nicht nur die Person des Verletzten betrifft, sondern zugleich einen Angriff gegen Rechtspflege und Verwaltung darstellt, rechtfertigt keine andere Beurteilung. (II, 2. Mai 1938.) Amtl. Sammlg. S. 169—171.

58. **Rassenschande. Begehung im Ausland.** (BlutSchG. §§ 2, 5.) Der große Senat für Strafsachen hat schon entschieden, daß ein Jude deutscher Staatsangehörigkeit, der mit einer Staatsangehörigen deutschen Blutes im Ausland außerehelich verkehrt, dann nach dem Blutschutzgesetz strafbar ist, wenn er sie veranlaßt hat, zu diesem Zweck vorübergehend in das Ausland zu kommen. Die Erwägungen, die dieser Entscheidung zugrunde lagen, treffen auch dann zu, wenn ein Jude deutscher Staatsangehörigkeit auf seine Kosten eine Staatsangehörige deutschen Blutes vorübergehend im Ausland unterbringt, sie dann dort aufsucht und mit ihr geschlechtlich verkehrt. (II, 2. Mai 1938.) Amtl. Sammlg. S. 171—172.

Vgl. Bd. 72 S. 91.

59. **Untersuchungshaft. Briefüberwachung. Verstrickungsbruch. Entsprechende Anwendung.** (StGB. §§ 2, 133.) Ein Rechtsanwalt nahm Briefe einer Untersuchungsgefangenen, die er als Verteidiger besucht hatte, mit sich aus dem Gefängnis, ohne sie durch die Briefüberwachung gehen zu lassen. Die Briefe enthielten nichts, was sich auf das Strafverfahren bezog, sondern betrafen nur geschäftliche Angelegenheiten. Er wurde von der Anklage des Verstrickungsbruchs freigesprochen. Das Reichsgericht bestätigte das Urteil. Gegenstand eines Verstrickungsbruchs kann jede bewegliche Sache sein, die sich zur amtlichen Aufbewahrung an einem bestimmten Ort befindet oder einem Beamten oder einem Dritten amtlich übergeben

worden ist. Wesentlich ist, daß der Gegenstand dauernd oder vorübergehend der amtlichen Verfügungsgewalt unterworfen bleiben soll. Nicht unter die Vorschrift fallen Sachen, die bei amtlichen Stellen zum Gebrauch oder Verbrauch vorhanden sind. Das Papier, das die Aufseherin der Untersuchungsgefangenen zum Briefschreiben ausgehändigt hatte, war kein Gegenstand, an dem ein Verstrickungsbruch begangen werden konnte; die Empfängerin konnte es vernichten, ohne daß sie sich gegen die Verfügungsgewalt der Gefängnisverwaltung verging. Es stand ihr auch frei, ob sie den fertigen Brief absenden wollte oder nicht. In dem Wegbringen des Briefes lag also kein Eingriff in die amtliche Verfügungsgewalt. Auch eine entsprechende Anwendung der Vorschrift über Verstrickungsbruch kam nicht in Frage. (III, 5. Mai 1938.)

Amtl. Sammlg. S. 172—174.

Vgl. Bd. 24 S. 385; Bd. 33 S. 413; Bd. 51 S. 226; Bd. 52 S. 240.

60. Bestechung. Fortsetzungszusammenhang. Höchstpersönliches Rechtsgut. (StGB. § 333.) Die Bestechung mehrerer Reichsbahnbeamter war vom Landgericht als eine fortgesetzte Tat behandelt worden. Das erklärte das Reichsgericht für rechtsirrig. Die in einer früheren Entscheidung vertretene Auffassung, die Bestechung richte sich, da sie die Pflichttreue des Beamten angreife, gegen ein höchstpersönliches Rechtsgut, wurde allerdings nicht aufrechterhalten. Die als höchstpersönlich anerkannten Rechtsgüter wie Ehre, Freiheit, geschlechtliche Unversehrtheit, Leben, sind Beziehungen, die natürliche Voraussetzungen einer Persönlichkeit überhaupt sind oder dem Begriff Persönlichkeit innewohnen, wie er sich nach der allgemeinen Auffassung von dem Inhalte der Lebensrechte des Einzelnen darstellt. In diesem Sinne kann von der Pflichttreue eines Beamten nicht als einem höchstpersönlichen Rechtsgut gesprochen werden. Das Rechtsgut, das durch das Verbot der Bestechung geschützt werden soll, ist vielmehr die Reinheit der Amtsausübung. Diese ist ein Rechtsgut der Gesamtheit. Gleichwohl ist für den Fall der Bestechung verschiedener Beamter die Annahme eines Fortsetzungszusammenhangs unzulässig. Es handelt sich bei jedem Beamten um das ganz besondere, nur auf seinen Pflichtenkreis gerichtete Einwirken des Bestechenden, das ihn zu einer Verletzung seiner Treupflicht bestimmen soll. Das geschützte Rechtsgut, die Reinheit der Amtsausübung, wird durch den Bestechenden in dem einzelnen Gliede des Beamtenkörpers verletzt. Diese besondere Beziehung rechtfertigt es, rechtsgrundsätzlich eine fortgesetzte Handlung auszuschließen, soweit Bestechungshandlungen gegenüber verschiedenen Beamten in Frage stehen. Es widerspricht auch einer gesunden Rechtsauffassung, die volle Strenge des Gesetzes nicht gegen einen Rechtsbrecher zur Geltung zu bringen, dessen planmäßiges Treiben zum Ziele hat, durch jeweils besonderes Einwirken auf verschiedene Beamte deren Treuverhältnis zu Staat und Volk zu zerstören und sie ihrer Treupflicht zu entfremden. (II, 5. Mai 1938.) Amtl. Sammlg. S. 174—176.

Vgl. Bd. 70 S. 243; JW. 1936 S. 1913.

61. Falschbeurkundung in eigener Sache. (StGB. §§ 348, 349; RVersO. §§ 1266, 1419, 1422; GemO. §§ 25, 38.) Ein Bürgermeister in Wüttemberg, der nach den dort geltenden Ausführungsvorschriften zur Reichsversicherungsordnung zuständig war, Quittungskarten der Invalidenversicherung auszustellen und umzutauschen, beurkundete hierbei wahrheitswidrig, daß seine in Wirklichkeit erloschene Anwartschaft auf Versicherungsrente durch Weiterversicherung aufrechterhalten worden sei. Er wurde wegen schwerer Falschbeurkundung verurteilt. Das Reichsgericht bestätigte das Urteil, beanstandete aber die Begründung in mehreren Punkten. Beim Umtausch von Karten der Invalidenversicherung haben die Ausgabestellen keine nur beurkundende Tätigkeit, sie müssen vielmehr die Ordnungsmäßigkeit und Rechtswirksamkeit der Verwendung der Versicherungsmarken sowie gegebenenfalls die vorhandenen Nachweise für Ersatzzeiten prüfen und nach dem Ergebnis der Prüfung die Endzahlen bescheinigen; dabei muß in jedem Falle die richtige Abgrenzung für die Rechte der Versicherten und die Pflichten der Versicherungsanstalt gefunden werden. Es handelt sich also neben der eigentlichen Beurkundung auch um Entscheidungen, die dabei zu treffen sind. Das ergibt sich schon daraus, daß dagegen eine Beschwerde zulässig ist. Es bedeutete für den Angeklagten auch einen unmittelbaren Vorteil, daß zu seinen Gunsten die Verwendung von Versicherungsmarken als rechtzeitig und anwartschaftserhaltend angenommen und ihm dafür in Gestalt der Aufrechnungsbescheinigung ein Beweismittel in die Hand gegeben wurde, während die Marken in Wirklichkeit erst verspätet, nach Erlöschen der Anwartschaft, verwendet worden waren. Daraus, daß der Angeklagte gleichzeitig mit der Beurkundung eine Entscheidung in eigener Sache fällte, ergab sich aber nicht, daß er wegen seiner Beteiligung in der Sache nicht zuständig war. Die Befugnis, Quittungskarten der Invalidenversicherung umzutauschen und die dafür notwendigen Verwaltungshandlungen vorzunehmen, war nicht ihm persönlich verliehen worden (wie z. B. ein Notar durch seine Bestallung persönlich die Eigenschaft eines Urkundsbeamten erwirbt), sondern sie ergab sich daraus, daß sie dem jeweiligen Bürgermeister der Gemeinde als Behörde zukam und die Bürgermeisterstelle mit dem Angeklagten besetzt worden war; zuständig für den Kartenumtausch war die Behörde als Einrichtung, nur mittelbar die Person des Stelleninhabers. Daher war der Angeklagte für diese Geschäfte auch insoweit zuständig, als sie eigene Angelegenheiten betrafen; nur hätte er mit Rücksicht auf seine persönliche Beteiligung die Sache seinem Vertreter überlassen müssen. Das Ergebnis seiner Tätigkeit war hienach, verwaltungsrechtlich betrachtet, fehlerhaft; aber seine Handlung blieb eine Amtshandlung, also soweit sie beurkundend war, eine Beurkundung im Amt. Ob die Urkunden sachlich rechtswirksam waren, machte nichts aus. Für die Strafbarkeit genügt es, wenn bei der wissentlichen Falschbeurkundung eines Beamten seine allgemeine Befugnis, solche öffentlichen Urkunden zu errichten, seine Zuständigkeit und die besonders zu schützenden vorgeschriebenen Formen einer öffentlichen Urkunde vorhanden sind. Die Beurkundungen des Angeklagten waren übrigens trotz ihrer Fehlerhaftigkeit wirksam. Eine fehlerhafte Amtshandlung eines Beamten ist nur in seltenen Ausnahmefällen nichtig, nämlich dann, wenn sie von einer offensichtlich völlig unzuständigen Behörde ausgegangen ist oder etwas tatsächlich oder rechtlich Unmögliches anordnet, vielleicht auch, wenn sie ohne Beachtung einer vorgeschriebenen bestimmten Form vorgenommen worden ist; abgesehen hiervon ist sie nur anfechtbar. (I, 3. Mai 1938.) Amtl. Sammlg. S. 176—182.

Vgl. JW. 1927 S. 2551.

62. Sachverständiger. Sicherungsverfahren. (StPO. § 429 c.) Die Hauptverhandlung gegen einen Angeklagten, dessen Unterbringung in einer Heil- oder Pflegeanstalt in Frage kam, war in dessen Abwesenheit durchgeführt worden; bei seiner Vernehmung vor dem beauftragten Richter war der sachverständige Arzt nur zum Teil anwesend gewesen. Das führte zur Aufhebung des Urteils. Die Abwesenheit eines Sachverständigen während eines Teils der Vernehmung des Angeklagten steht der völligen Abwesenheit gleich, wenn nicht der Teil der Vernehmung, dem er nicht beigewohnt hat, unwesentlich gewesen ist. Im vorliegenden Falle war die Möglichkeit nicht ausgeschlossen, daß der persönliche Eindruck des Beschuldigten, den der beauftragte Richter dem erkennenden Gericht vermittelte, anders ausgefallen wäre, wenn der Sachverständige bei der Vernehmung von Anfang an zugegen gewesen wäre. Daß der Verteidiger den Verfahrensverstoß in der Hauptverhandlung nicht rügte, war angesichts der zwingenden Natur der Vorschrift unerheblich. (V, 12. Mai 1938.) Amtl. Sammlg. S. 182—183.
Vgl. Bd. 35 S. 408; Bd. 38 S. 217; Bd. 40 S. 230; Bd. 44 S. 18; Bd. 55 S. 168.

63. Notwehr. Raufhandel. (StGB. § 53.) F. griff L. auf der Straße an, um mit ihm zu raufen. L. lehnte es ab, sich auf eine Schlägerei einzulassen, weil er seine guten Sachen anhabe; er zog sich dann um und kehrte, nur mit einer alten Hose und einem Hemd bekleidet, wieder zurück. Beide rauften nun einige Zeit miteinander; schließlich versetzte L. dem F. einen Messerstich, der dessen Tod zur Folge hatte. Von Notwehr konnte unter solchen Umständen keine Rede sein. Anders wäre die Sache gelegen, wenn einer von den Beteiligten über das von beiden gewollte Ziel einer Rauferei hinausgegangen wäre und der Gegner sich der Gefahr einer Tötung oder einer Körperverletzung durch ein gefährliches Werkzeug ausgesetzt gesehen hätte. Das traf für den Angeklagten nicht zu. (II, 23. Mai 1938.) Amtl. Sammlg. S. 183—184.

64. Biersteuer. Ermäßigung. Erschleichen eines Steuervorteils. Verjährung. Vorentscheidung. (RAbgO. §§ 112, 396, 468; Ges. vom 15. April 1930 Art. V Abs. 1.) Der Besitzer einer Bierbrauerei, die im Jahre 1930 neu errichtet worden war, erzielte durch Täuschung der Steuerbehörde, daß er von der für neue Brauereien vorgesehenen erhöhten Biersteuer befreit wurde und nur die einfachen Steuersätze bezahlte. Im Jahre 1935 wurde die Sachlage aufgedeckt. Er wurde wegen Erschleichens eines Steuervorteils und Verkürzung von Steuereinnahmen verurteilt. Beides erklärte das Reichsgericht für unrichtig. Durch den Ministerialerlaß, der den Angeklagten von der Entrichtung der erhöhten Steuer befreite, begab sich das Reich seines Rechts auf Erhebung dieser Steuer; der Steueranspruch entstand also nur in der einfachen Höhe. Der Umstand, daß der Erlaß auf irrigen Voraussetzungen beruhte und durch Täuschung erschlichen war, stand dem nicht entgegen. Er ermöglichte zwar den Widerruf der Befreiung; bis dahin aber blieb die Rechtswirksamkeit des Staatshoheitsaktes, auf dem sie beruhte, unbeeinträchtigt. Auch der Tatbestand der Erschleichung eines Steuervorteils war nicht voll erfüllt. Dazu gehört, wie zur Verkürzung von Steuereinnahmen, eine Beeinträchtigung des gesetzlich geschützten Rechtsgutes und damit ein Erfolg. Das gesetzlich geschützte Rechtsgut war im vorliegenden Fall der Anspruch des Reichs auf den vollen Ertrag der Biersteuer. Beim Ergehen oder der Bekanntgabe des Ministerialerlasses war aber noch kein Anspruch auf die erhöhte Biersteuer entstanden. Der wirtschaftliche Vorteil, den der Angeklagte durch den Erlaß erreichte, war also noch kein Steuervorteil im Sinne des Gesetzes. Erlangt wurde ein solcher erst in dem Zeitpunkt, da der Anspruch entstand. Bis dahin blieb die Tat auf der Stufe des Versuchs stehen. Sie war mit der Täuschungshandlung begonnen, aber nicht vollendet, geschweige denn beendet. Vollendet wurde sie, als das erste Erzeugnis der Brauerei aus ihr entfernt oder in ihr verbraucht wurde und dadurch der Steueranspruch entstand, jedoch infolge der Täuschung nur in der geringeren Höhe. Beendet war die Tat mit dem letzten Entstehen des Steueranspruchs zu dem ermäßigten Satz, der auf der Täuschungshandlung als Ursache beruhte. Ob die Mitwirkung des Angeklagten bei der allmonatlichen Abrechnung mit der Zollbehörde als weitere Täuschungshandlung angesehen werden konnte, blieb dahingestellt, da hienach ohnehin keine Verjährung eingetreten war. Der Reichsfinanzhof hatte die Sache im gleichen Sinne entschieden. Seine Entscheidung band das Gericht nur, soweit sie gegen den persönlichen Steuerschuldner ergangen war, nicht aber auch, soweit neben ihm ein Mittäter, der nicht Steuerschuldner wer, kraft Steuerstrafrecht für haftbar erklärt worden war. (III, 23. Mai 1938.)

Amtl. Sammlg. S. 184—186.

Vgl. Bd. 46 S. 414; Bd. 58 S. 54; Bd. 60 S. 152; Bd. 62 S. 418; Bd. 70 S. 3; Bd. 71 S. 59.

65. Gesellschaft mit beschränkter Haftung. Bankerott. Eigentumsvorbehalt. Warenverschleuderung. Geschäftsführer. Entsprechende Anwendung. (StGB. § 2; KO. war der eigentliche Leiter der Fabrik. Die Gesellschaft §§ 103, 240; GmbHG. §§ 64, 84.) A. war Geschäftsführer einer G. m. b. H., die eine Möbelfabrik betrieb; K. geriet in Konkurs. A. hatte Waren (Holz und andere Schreinereibedürfnisse) in großem Umfang auf Kredit eingekauft, zu Möbeln verarbeiten lassen und diese dann zu Schleuderpreisen abgegeben. Das Landgericht verurteilte ihn wegen einfachen Bankerotts. Das Reichsgericht hob das Urteil auf. Bei der Prüfung, ob der Tatbestand des § 240 Nr. 2 KO. vorliegt, ist von dem einzelnen Kreditgeschäft auszugehen, nicht, wie das Landgericht es getan hatte, von der Gesamtheit der Geschäfte dieser Art. Die Vorschrift ist ferner nur dann anwendbar, wenn die auf Kredit entnommenen und dann unter dem Werte weiterveräußerten Waren zur Konkursmasse gehört haben würden, falls sie im Vermögen des späteren Gemeinschuldners verblieben wären. Sie gilt also nicht für Waren, an denen sich der Verkäufer das Eigentum vorbehalten oder die der Schuldner anderen zur Sicherung übereignet hat. Hier kommen andere Strafvorschriften in Frage (§§ 246, 266 StGB., § 81 a GmbHG.). Zum Tatbestand des Vergehens gehört weiter, daß gerade die Waren, die der Täter auf Kredit entnommen hat, den Gegenstand des Schleuderverkaufs bildeten. Das ist nicht mehr der Fall, wenn die Ware durch Arbeit in Ware anderer Art umgestaltet worden ist, wie das hier zutraf. In den Möbeln waren die auf Kredit gekauften Waren nur als Rohstoff enthalten; sie bildeten in dem Endergebnis des Arbeitsvorgangs nur eine Rechnungsgröße, die an Bedeutung gegenüber anderen, besonders der darin verkörperten Arbeit, zurücktrat. Auch entsprechende Anwendung der Vorschrift war ausgeschlossen; es handelt sich bei dem hier fraglichen Tatbestandsmerkmal um eine Grenze, die der Gesetzgeber dem Strafrichter bewußt gezogen hat. Darüber hinauszugehen ist der Richter um so weniger befugt, als damit zugleich der Grundsatz aufgegeben werden müßte, daß das einzelne Kreditgeschäft die Grundlage der Betrachtung bilden muß; damit würde aber die Rechtsprechung den festen Boden verlieren. Der entsprechenden Anwendung der Vorschrift steht auch entgegen, daß in vielen Fällen der Tatbestand des Betrugs vorliegt und die dafür gegebene Strafvorschrift ausreicht. Die Absicht, den Konkurs durch Verschleuderung der Waren hinauszuschieben, hätte schon in dem Augenblick, da das Eigentum an den Waren erlangt worden war, gegeben sein müssen; dafür fehlte eine klare Feststellung wie auch dafür, daß die Waren zur Zeit der Schleuderverkäufe noch nicht bezahlt waren. Schließlich ließ das angefochtene Urteil auch noch Zweifel darüber, ob das Landgericht den Begriff des Wertes richtig erfaßt hatte. Darunter sind nicht nur die Gestehungskosten zuzüglich der gewöhnlichen Geschäftsunkosten und des üblichen Verdienstes zu verstehen, vielmehr der Marktpreis und, wo ein solcher nicht feststellbar ist, der im Handel übliche Preis, wie er zur Zeit der Weiterveräußerung gilt. Nur bei solcher Auslegung des Begriffs läßt sich feststellen, ob die Waren in einer den Anforderungen einer ordnungsmäßigen Wirtschaft entsprechenden Weise weggegeben worden sind. K. war als Gehilfe verurteilt worden. Die Aufhebung des Urteils gegen den Haupttäter hatte die Aufhebung gegen den Gehilfen zur notwendigen Folge. Weiter war auch das gegen ihn erlassene Urteil wegen Beihilfe zu dem Vergehen gegen § 84 GmbHG. aufzuheben. Das Landgericht hatte angenommen, daß K. als tatsächlicher Leiter des Betriebs verpflichtet gewesen wäre, den Geschäftsführer A. rechtzeitig zur Anmeldung des Konkurses zu veranlassen. Die strafbare Handlung wurde also in einem Unterlassen auf seiner Seite gefunden. Das wäre nur dann rechtlich zulässig gewesen, wenn er zum Handeln verpflichtet gewesen wäre. Die Pflicht zur Anmeldung des Konkurses obliegt aber nur dem Geschäftsführer der G. m. b. H., nicht auch sonstigen Organen der Gesellschaft, selbst nicht, wenn ihnen Handlungsvollmacht oder Prokura erteilt worden ist. (III, 23. Mai 1938.) Amtl. Sammlg. S. 187—193. Vgl. Bd. 62 S. 257; Bd. 66 S. 175; Bd. 71 S. 112.

66. Postbeamter. Brief. Unterschlagung. Urkundenunterdrückung. Untreue. Tateinheit. (StGB. §§ 73, 266, 267, 348, 349, 354.) Der Inhaber einer Poststelle eignete sich in einer Reihe von Fällen Geld an, das unter gleichzeitiger Einreichung der zugehörigen Zahlkarten und Postanweisungen zur Weitersendung eingezahlt worden war. Die Zahlkarten und Postanweisungen legte er zunächst beiseite. Nach einiger Zeit leitete er die zurückbehaltenen Beträge aus eigenen Mitteln oder aus später eingegangenen Geldern unter Verwendung der Zahlkarten und Postanweisungen an ihr Ziel. Briefe, von denen er annahm, daß sie Mahnungen oder Beanstandungen enthielten, hielt er zurück; einen Teil davon öffnete er. Das Landgericht verurteilte ihn wegen fortgesetzten Beiseiteschaffens von Urkunden nach den §§ 348, 349 StGB. in Tateinheit mit fortgesetzter schwerer Amtsunterschlagung nach § 351 StGB. und, soweit die Zurückhaltung der Mahnschreiben in Betracht kam, weiter wegen eines selbständigen Vergehens der Briefunterdrückung nach § 354 StGB. Das Reichsgericht verwies die Sache zurück. Das Landgericht hatte übersehen, daß auch die zum Weitersenden eingereichten Zahlkarten und Postanweisungen Briefe im Sinne des § 354 StGB. waren; der Angeklagte hatte auch diese Sendungen unterdrückt, indem er sie vorübergehend dem ordnungsmäßigen Postverkehr entzog. Das Zurückhalten der Briefe, in denen der Angeklagte Mahnungen oder Beanstandungen vermutete, hätte auch unter dem Gesichtspunkt des Beiseiteschaffens anvertrauter Urkunden geprüft werden müssen. Diese Briefe waren Urkunden nicht nur in dem erweiterten Sinne des § 348 StGB., sondern selbst in der engeren Bedeutung des § 267 StGB., da sie zum Beweise von Rechten und Rechtsverhältnissen erheblich waren; überdies hat das Reichsgericht schon wiederholt entschieden, daß auch schon die Umschläge von Briefen mit den Anschriften und Poststempeln Urkunden in diesem Sinne sind. Ausgeschlossen war auch nicht, daß das Unterdrücken der Zahlkarten und Postanweisungen einerseits und der Briefe anderseits von einem einheitlichen Gesamtvorsatz umfaßt war, also sowohl unter dem Gesichtspunkt des § 348 als auch des § 354

StGB. im Fortsetzungszusammenhang stand. Rechtsirrig waren auch die Ausführungen des Landgerichts, daß § 266 StGB. auf das Tun des Angeklagten nicht anwendbar sei. Die Tätigkeit, die der Angeklagte als Poststelleninhaber ausübte, war keine völlig untergeordnete, rein mechanische im Sinne einer bloßen Botentätigkeit; er hatte vielmehr in seiner Stellung die geldlichen Belange der Reichspost in einem selbständigen Pflichtenkreise zu betreuen, also kraft behördlichen Auftrags die Vermögensinteressen der deutschen Reichspost wahrzunehmen. Sein Verhalten erfüllte also neben der schweren Amtsunterschlagung und der schweren Urkundenunterdrückung auch den Tatbestand der Untreue; die Strafe wäre dem § 266 StGB. zu entnehmen gewesen. Ohne nähere Begründung hatte das Landgericht Tateinheit zwischen den Verbrechen der schweren Amtsunterschlagung und der Urkundenbeseitigung angenommen, obwohl die Ausführungshandlungen nirgends zusammenfielen. Die Tateinheit wurde aber durch § 266 StGB. vermittelt, denn auch das Beiseiteschaffen der Urkunden, durch das der Angeklagte die zur Aufdeckung der Unterschlagung dienlichen Beweismittel zurückhielt und die Zueignung ermöglichte und sicherte, war eine die Reichspost schädigende Treuverletzung. Auch auf Grund natürlicher Handlungseinheit konnte Tateinheit angenommen werden, da die Zueignung der Gelder und das Beiseiteschaffen der Urkunden zeitlich, örtlich und sachlich aufs engste zusammenhingen. Es lag auch nahe, daß der Angeklagte die auf den Zahlkarten und Postanweisungen von den Einzahlern vermerkten Einzahlungsdaten bei der späteren Weitersendung verfälschte; dann hätte er sich weiter eines Vergehens oder Verbrechens der Privaturkundenfälschung schuldig gemacht und gleichzeitig ihm amtlich anvertraute Urkunden verfälscht. So konnte auch durch den § 267 StGB. die Tateinheit zwischen der Amtsunterschlagung und der Urkundenbeseitigung vermittelt werden. Der Tatbestand der §§ 350, 351 StGB. war erfüllt. Der Angeklagte war verpflichtet, alle eingelieferten Zahlkarten und Postanweisungen in dem Annahmebuch und in der nächsten, an das Leitpostamt weiterzusendenden Annahmekarte einzutragen. Die an das Leitpostamt zu sendende Annahmekarte war die jeweils oberste Seite des Annahmebuchs, in dem lediglich die Durchschrift zurückblieb; das Annahmebuch und die Annahmekarte dienten hiernach zur Kontrolle der Einnahmen der Poststelle. Unterließ der Angeklagte die Eintragung, so führte er ein zur Kontrolle der Einnahmen bestimmtes Buch oder Register (Annahmekarte) unrichtig. Auch der Tatbestand des Beiseiteschaffens von Urkunden war hinlänglich dargetan. Ein Beiseiteschaffen hätte allerdings nicht angenommen werden können, wenn der Angeklagte die Sendungen lediglich zurückgehalten, sie aber nicht von dem bestimmungsgemäßen Aufbewahrungsort, der Stelle, an der er die abzufertigenden Sendungen verwahrte, entfernt und sie dort jederzeit verwendbar und auch für die Kontrolle ohne weiteres greifbar zur Verfügung gehalten hätte; denn zum Beiseiteschaffen gehört regelmäßig, daß die Urkunde aus ihrer Lage räumlich entfernt und in eine ungleichwertige andere Lage verbracht wird, in der ihre jederzeitige Bereitschaft für den bestimmungsgemäßen Gebrauch aufgehoben oder wesentlich erschwert ist. Zum Unterschied davon gehört zum Unterdrücken nur, daß die Sendung durch Zurückhalten dem ordnungsmäßigen Postverkehr entzogen wird. Des Rechtsbegriffs der Urkunde braucht sich der Täter nicht bewußt zu sein; er muß nur die Tatsachen kennen, die die Urkundeneigenschaft begründen. (IV, 29. April 1938.)

Amtl. Sammlg. S. 193—197.

Vgl. Bd. 1 S. 114; Bd. 26 S. 413; Bd. 29 S. 238; Bd. 44 S. 223; Bd. 50 S. 213; Bd. 58 S. 113; Bd. 60 S. 17; Bd. 63 S. 366; Bd. 69 S. 58, 333, 340; JW. 1933 S. 2655; 1934 S. 765, 1975, 2979; 1936 S. 2235; 1937 S. 2395.

67. Falsche Anschuldigung. Heimtückegesetz. (StGB. § 164; HeimtückeG. §§ 1, 2.) Ein Arbeiter erstattete gegen seinen Vorarbeiter Anzeige bei der Polizei, daß dieser erklärt habe, er sei bei der Einzeichnung in die Listen für die Einheitsschule überlistet und totgeschwätzt worden. Die Anzeige war falsch. Das Landgericht sprach von der Anklage wegen falscher Anschuldigung frei mit der Begründung, daß der Vorarbeiter durch die Anzeige keiner strafbaren Handlung verdächtigt worden sei. Das Reichsgericht verwies die Sache zurück. Die angebliche Behauptung des Vorarbeiters konnte den Tatbestand des § 1 HeimtückeG. erfüllen; sie enthielt eine Behauptung tatsächlicher Art, die geeignet war, das Ansehen der NSDAP. schwer zu schädigen. Auch der Tatbestand des § 2 HeimtückeG. war möglicherweise gegeben, wenn auch der Vorarbeiter vielleicht von der Vorstellung ausging, die Einheitsschule solle erst in Zukunft eingeführt werden und sei deshalb noch keine Einrichtung des Staates; die vorbereitenden Maßnahmen aber, welche die Partei zu ihrer Einführung getroffen hatte, konnten Anordnungen im Sinne dieser Vorschrift sein, denn darunter fällt jede Anweisung, die von einer leitenden Persönlichkeit der Partei ausgeht, gleichviel, ob es sich um eine Maßnahme allgemeiner Art oder um einen Verwaltungsakt handelt, der sich auf einen bestimmten Fall bezieht. Schließlich konnte in der angeblichen Erklärung des Vorarbeiters auch eine Beleidigung des Helfers der Partei liegen, der ihn zur Eintragung in die Liste bestimmt hatte. Selbst wenn aber der Angeklagte den Vorarbeiter nicht einer strafbaren Handlung verdächtigt hatte, war zu prüfen, ob seine Behauptung nicht geeignet war, ein behördliches Verfahren oder andere behördliche Maßnahmen gegen den Vorarbeiter herbeizuführen; in Betracht kam namentlich die Anordnung der Schutzhaft. (V, 9. Mai 1938.)

Amtl. Sammlg. S. 198—200.
Vgl. Bd. 4 S. 229; Bd. 23 S. 152.

68. **Meineid.** (StGB. §§ 154, 155; ZPO. § 398.) Eine Frau, die als Zeugin vernommen wurde, bekräftigte ihre Aussage durch einen Nacheid. Gelegentlich einer späteren Vernehmung versicherte sie die Wahrheit ihrer Aussage durch Berufung auf den schon geleisteten Eid. Die zweite Aussage war falsch. Der Verurteilung wegen Meineid stand nicht entgegen, daß der Eid, auf den sich die Angeklagte berufen hatte, ein Nacheid gewesen war. (II, 19. Mai 1938.)

Amtl. Sammlg. S. 200—201.
Vgl. Bd. 62 S. 435.

69. **Falschbeurkundung. Öffentliche Urkunde. Beglaubigung. Versuch. Entsprechende Anwendung.** (StGB. §§ 2, 43, 261, 268, 271.) Einem preußischen Bürgermeister wurde eine gefälschte Abschrift eines gerichtlichen Urteils mit dem Ersuchen um Beglaubigung vorgelegt. Er kam dem Ersuchen nach. Das Landgericht verurteilte in entsprechender Anwendung des § 271 StGB. wegen Herbeiführung einer Falschbeurkundung. Das Reichsgericht be-

stätigte das Urteil. Die Beglaubigung war nicht als öffentliche Urkunde anzusehen, weil der Bürgermeister dafür nicht zuständig war. Wenn auch eine verbreitete Übung besteht, Abschriften durch den Bürgermeister beglaubigen zu lassen, kann das doch nicht dazu führen, eine sachliche Zuständigkeit zu begründen, die nicht verliehen ist. Die besonderen strafrechtlichen Bestimmungen über öffentliche Urkunden dienen dazu, das Vertrauen zu schützen, das solchen Urkunden entgegengebracht wird; daß diese Sicherungen durch abweichende Übung bei den Behörden gelockert werden, darf nicht zugelassen werden. Das Verhalten des Angeklagten erfüllte somit nur den Tatbestand eines versuchten Vergehens gegen § 271 StGB.; dieses ist aber nicht strafbar. Als mittelbarer Täter einer Urkundenfälschung konnte der Angeklagte nicht bestraft werden, weil die Beglaubigungen keine falschen Urkunden waren. Da es aber dem gesunden Volksempfinden zuwiderlaufen würde, wenn der Angeklagte straflos blieb und die Handlungsweise nach dem Grundgedanken des § 271 StGB. Strafe verdiente, war die entsprechende Anwendung dieser Vorschrift zu billigen. (II, 19. Mai 1938.)

Amtl. Sammlg. S. 201—205.

Vgl. Bd. 60 S. 209; Bd. 63 S. 148; Bd. 71 S. 193.

70. Urkundenfälschung. Betrug. Tateinheit. Besonders schwerer Fall. (StGB. §§ 73, 263, 267, 268.) Bei einer Verurteilung wegen schwerer Privaturkundenfälschung in Tateinheit mit versuchtem Betrug hatte das Landgericht angenommen, daß die Strafe der Vorschrift über Urkundenfälschung zu entnehmen sei, weil kein besonders schwerer Fall des Betrugs vorliege. Das Reichsgericht erklärte das für unrichtig. Bei der Feststellung, welches Gesetz die schwerere Strafdrohung enthält, darf die Vergleichung nicht auf die ordentlichen Strafen beschränkt werden, wo ohne Anführung neuer Tatbestände für schwere oder besonders schwere Fälle härtere Strafen zugelassen sind. Maßgebend ist, daß das Gesetz ganz allgemein die Möglichkeit gibt, die verschärften Strafen zu verhängen; damit sind sie angedroht und bei der Vergleichung zu berücksichtigen. Der Einwand, daß bei solcher Behandlung ein Täter im Falle tateinheitlichen Zusammentreffens eines Verbrechens und eines Vergehens der Zuchthausstrafe entgehen könne, die eintreten müßte, wenn er nur das Verbrechen begangen hätte, ist nicht haltbar. Da der Tatrichter bei Ausübung seines pflichtmäßigen Ermessens nur bei zwingendem Grund unter die Mindeststrafe der milderen Strafvorschrift heruntergehen wird, besteht in der Regel Anlaß, einen besonders schweren Fall anzunehmen, sofern nicht dem Täter mildernde Umstände zuzubilligen sind. (II, 19. Mai 1938.)

Amtl. Sammlg. S. 205—208.

Vgl. Bd. 53 S. 47; Bd. 58 S. 240; Bd. 59 S. 214; Bd. 60 S. 111; Bd. 68 S. 385; Bd. 69 S. 49, 164, 333, 340, 360, 385; Bd. 71 S. 101.

71. Reichsfluchtsteuer. (RFlStVO. §§ 4, 9.) Der äußere Tatbestand eines Vergehens gegen die Reichsfluchtsteuerverordnung ist erfüllt, wenn der Betrag, der als Reichsfluchtsteuer zu entrichten ist, nicht innerhalb der in der Vorschrift vorgesehenen Frist erlegt wird. Diese Frist beträgt zwei Monate. Sie beginnt mit der Entstehung der Steuerschuld, also mit dem Zeitpunkt, da der Steuerschuldner seinen inländischen Wohnsitz oder gewöhnlichen Aufenthalt aufgibt. Das kann aber nicht gelten, wenn nachträglich der Betrag der Steuer erhöht wird; andernfalls wäre der äußere Tatbestand der Straftat auch dann erfüllt, wenn der zunächst errechnete Betrag innerhalb der Frist erlegt und der Berichtigungsbescheid selbst nach deren Ablauf erlassen worden wäre. Die Reichsfluchtsteuer wird nicht von dem im Zeitpunkt ihrer Entstehung wirklich vorhandenem Vermögen erhoben, sondern von dem Vermögen, das für einen bestimmten Zeitpunkt förmlich festgestellt wird. Dieser Feststellung und ihrer Bekanntmachung an den Steuerpflichtigen legt das Gesetz selbst die entscheidende Bedeutung bei. Auch im Falle der Berichtigung des Bescheides muß die förmliche Feststellung des Vermögens die maßgebende Grundlage für die Höhe der Steuer bilden. Die Frist beginnt also erst mit der Bekanntmachung des Berichtigungsbescheids an den Steuerpflichtigen zu laufen. Das muß auch dann gelten, wenn das Vermögen ursprünglich zu niedrig angegeben und somit der ursprüngliche Vermögenssteuerbescheid erschlichen worden ist. (I, 20. Mai 1938.)

Amtl. Sammlg. S. 208—211.

72. Fortsetzungszusammenhang. Verbrauch der Strafklage. (StGB. § 73; StPO. § 264.) Ein Mitglied einer

Diebsbande wurde im Juni 1934 wegen fortgesetzten schweren Diebstahls zu drei Jahren Zuchthaus verurteilt; in dem Urteil waren vier Einbruchsdiebstähle als nachgewiesen angenommen worden. Nachdem das Urteil rechtskräftig geworden war, stellte sich heraus, daß der Angeklagte in den Jahren 1932 und 1933 noch mindestens 24 Diebstähle begangen hatte. Das Landgericht nahm an, daß diese Diebstähle mit den schon abgeurteilten im Fortsetzungszusammenhang ständen, daß aber die Strafklage nicht verbraucht sei, weil der schon abgeurteilte Teil der Gesamtreihe in einem zahlenmäßigen Mißverhältnis zu dem nun abzuurteilenden stehe, und weil der Angeklagte diese Taten auch mit anderen Mittätern ausgeführt habe als die früher abgeurteilten. Das Reichsgericht entschied, daß der Rechtsbegriff der fortgesetzten Straftat verkannt sei. Ein Urteil, das einen Angeklagten wegen einer im Fortsetzungszusammenhang begangenen Gesetzesverletzung verurteilt, erledigt alle vor seiner Verurteilung begangenen, in den Fortsetzungszusammenhang gehörigen Einzelhandlungen, gleichviel, ob sie das Gericht berücksichtigt hat, ob es sie gekannt hat und ob es Anlaß und Gelegenheit gehabt hat, sich Kenntnis von ihnen zu verschaffen oder nicht. Das Erfordernis der Einheitlichkeit des Vorsatzes und der Gleichartigkeit der Begehungsform läßt auch die Zusammenfassung solcher Einzelverschuldungen zu einer fortgesetzten Tat zu, bei denen ein Wechsel in der Person der Mittäter vorliegt. Die Feststellungen des Landgerichts reichten aber nicht hin, um die Annahme eines einheitlichen Gesamtvorsatzes zu rechtfertigen. Nach ihnen hatte der Angeklagte das Ziel verfolgt, in möglichst rascher Folge soviel Einbrüche zu begehen, daß er sich hinlänglich Geld verschaffte, um einen Krawattenhandel beginnen zu können. Dieses Ziel genügte aber nicht, um einen Gesamtvorsatz zu begründen. Ein solcher hätte angenommen werden können, wenn der Angeklagte den Vorsatz gefaßt hätte, aus einem bestimmten Geschäft oder aus einer bestimmten Art von Geschäften unter Ausnutzung bestimmter für ihn günstiger Verhältnisse nach und nach bestimmte Waren zu entwenden. Der Angeklagte war aber in Geschäften verschiedener Art eingebrochen und hatte sich wahllos Waren aller Art angeeignet. Bei einer natürlichen Betrachtungsweise dieses Sachverhalts war für die Zusammenfassung dieser Taten zu einer rechtlichen Einheit kein Raum. (II, 27. September 1937.)

Amtl. Sammlg. S. 211—214.
Vgl. Bd. 44 S. 392; Bd. 56 S. 326; Bd. 66 S. 45, 236.

73. Personenstand. Unterdrückung. (StGB. § 169; FGG. § 15.) Ein Mädchen, das unehelich ein Kind geboren hatte, weigerte sich dem Vormundschaftsgericht, dem Wohlfahrtsamt und der Polizei gegenüber, den Vater anzugeben. Das Landgericht verurteilte sie wegen Unterdrückung des Personenstandes des Kindes mit der Begründung, daß sie sowohl dem Kinde als auch der Volksgemeinschaft gegenüber aus rassischen wie aus vermögensrechtlichen Gründen verpflichtet sei, den Vater zu nennen. Das Reichsgericht sprach sie frei. Die Auffassung des Landgerichts, daß die uneheliche Mutter verpflichtet ist, den Vater anzugeben, trifft für die Regel zu; wo eine Rechtspflicht zur Offenbarung besteht, kann auch schon das bloße Verschweigen als Unterdrückung angesehen werden. Im vorliegenden Falle war aber anzunehmen, daß der Vater des Kindes ein Ehemann war. Wenn dessen Frau wegen Ehebruchs auf Scheidung klagte, war die Angeklagte berechtigt, die Auskunft über ihre Beziehungen zu dem Ehemann zu verweigern. Bestand also nach Lage der Sache keine Pflicht zur Aussage, so konnte in dem bloßen Verschweigen keine Unterdrückung des Personenstandes gefunden werden. (III, 18. Oktober 1937.)

Amtl. Sammlg. S. 214—216.
Vgl. Bd. 39 S. 252.

74. Falsche Anschuldigung. Reichsschrifttumkammer. Fachverband. Behörde. (StGB. § 164; RKultG. vom 22. September 1933; 1. DurchfVO. vom 1. November 1933.) Der Reichsschrifttumkammer ist als Fachverband der Reichsverband des Adreßbuchgewerbes eingegliedert. Gegen dessen Geschäftsführer wurde eine Anzeige an den Leiter des Verbandes erstattet, die sich als falsch erwies. Die Verurteilung wegen falscher Anschuldigung wurde vom Reichsgericht bestätigt. Der Verband kann allerdings nicht als Behörde angesehen werden; er ist aber der Reichsschrifttumkammer eingegliedert, die alle Eigenschaften einer Behörde erfüllt. Sie ist ein selbständiges, von der Person des Inhabers der Leitung unabhängiges Organ der Staatsgewalt, das die Aufgabe hat, auf Grund öffentlicher Hoheit nach eigener Entschließung für die Zwecke des Staates tätig zu sein, und ist von der Staatsgewalt selbst eingerichtet. Die Eingabe bezweckte ein Einschreiten des Präsidenten der Reichsschrifttumkammer gegen den Geschäftsführer des Verbandes; dieser konnte auch dessen Abberufung verlangen. (II, 22. November 1937.)

Amtl. Sammlg. S. 216—218.

Vgl. Bd. 18 S. 249; Bd. 54 S. 150.

75. Unzulässige Vereidigung von Zeugen. (StPO. § 60.) In einem Verfahren wegen Abtreibung wurden mehrere Zeuginnen eidlich einvernommen, obwohl sie verdächtig waren, an der Tat des Angeklagten teilgenommen zu haben. In der Urteilsbegründung wurde ausgeführt, das Schwurgericht habe die Aussagen als uneidliche gewürdigt, ihnen aber doch Glauben geschenkt. Das Reichsgericht hob das Urteil auf. Der Umstand, daß eine beeidigte Zeugenaussage nicht als eidlich gewertet werden darf, stellt für alle Beteiligten eine wesentlich veränderte Sachlage dar. Das Gericht wäre also verpflichtet gewesen, nach Wiedereintritt in die Verhandlung auf diesen Umstand hinzuweisen, um Gelegenheit zu neuen Anträgen zu geben. Es ist denkbar, daß sich die Beteiligten unter dem Eindruck des Eides, den der Zeuge geleistet hat, mit seiner Aussage abgefunden haben, nunmehr aber Anlaß nehmen, sich auf andere Beweismittel zu berufen, um die Unglaubwürdigkeit des Zeugen darzutun. Kommt das Gericht dann doch zu der Überzeugung, daß der Zeuge Glauben verdient, so wird in der Regel zu verneinen sein, daß das Urteil auf dem Fehler beruht. (II, 23. Mai 1938.)

Amtl. Sammlg. S. 219—221.

Vgl. Bd. 6 S. 155; Bd. 58 S. 94.

76. Polizeiliche Vernehmung. Vorhalt. Verlesung. Gesetzesauslegung. (StPO. § 252.) Die Tochter des Angeklagten verweigerte in der Hauptverhandlung die Aussage. Darauf wurde ein Polizeibeamter, der sie im Vorverfahren vernommen hatte, als Zeuge gehört; zur Stützung seines Gedächtnisses wurde ihm die Aussage vorgelesen, die das Mädchen vor ihm gemacht hatte. Das verstieß nicht gegen das Gesetz. Das Verbot, die Aussage eines vor der Hauptverhandlung vernommenen Zeugen zu verlesen, der in der Hauptverhandlung von seinem Recht, das Zeugnis zu verweigern, Gebrauch macht, schließt nicht aus, daß der Beamte, der den Zeugen früher vernommen hat, gehört wird. Um eine wahrheitsgemäße Aussage zu sichern, können und müssen einem solchen Zeugen Vorhalte aus Urkunden gemacht werden, wenn der Vorsitzende glaubt, daß ohne solche Vorhalte die Aussage unrichtig oder unvollständig sein würde. Der Vorhalt kann auch durch Verlesen gemacht werden; dieses stellt sich als eine besonders eindringliche Form des Vorhalts dar. Die Verlesung darf allerdings nicht dazu benutzt werden, den Unterschied zwischen einem Urkundenbeweis und einem Beweis durch Vernehmung von Angeklagten, Zeugen und Sachverständigen zu verwischen; sie darf nur den Zweck haben, dem Zeugen, den das Gedächtnis im Stich gelassen hat, die Abgabe einer Erklärung zu ermöglichen. Nicht die vorgehaltene Urkunde ist das Beweismittel, sondern die Erklärung des Zeugen. Es wäre zwecklos, den Vorhalt der Niederschrift über eine frühere Vernehmung zu verbieten, obwohl doch nicht verhindert werden kann, daß sich der Beamte auf Grund von Aufzeichnungen oder Abschriften, die er noch besitzt, auf die Aussage vorbereitet. Gegenüber dem das Strafverfahren beherrschenden Grundsatz der Wahrheitsermittlung dürfen Vorschriften, die den Schutz von Einzelpersonen betreffen, nicht ausdehnend ausgelegt werden. An entgegengesetzten früheren Entscheidungen hielt das Reichsgericht nicht mehr fest. (II, 23. Mai 1938.)

Amtl. Sammlg. S. 221—224.

Vgl. Bd. 8 S. 122; Bd. 27 S. 29; Bd. 35 S. 5; Bd. 39 S. 433; Bd. 48 S. 246; Bd. 51 S. 121; Bd. 61 S. 9, 72; Bd. 64 S. 78; Bd. 69 S. 88; Bd. 70 S. 6; JW. 1936 S. 1920.

77. **Sicherung. Revision. Gewerbsmäßigkeit.** (StGB. § 42 d.) Wegen Bettels wurde auf eine Haftstrafe von 6 Wochen und auf Unterbringung des Angeklagten in einem Arbeitshaus erkannt. Er legte Revision hinsichtlich der Unterbringung ein. Das Reichsgericht erklärte diese Beschränkung für zulässig. In einer früheren Entscheidung wurde zwar ausgesprochen, die Revision ergreife in einem solchen Falle das ganze Urteil, weil sich die Anordnung der Unterbringung nicht vom Schuldspruch trennen lasse; dabei wurde davon ausgegangen, daß die Gewerbsmäßigkeit, Arbeitsscheu oder Liederlichkeit, die

eine Voraussetzung für die Anordnung der Unterbringung bildet, einen Bestandteil der Schuldfrage bilde. Dieser Auffassung stimmte das Reichsgericht nicht mehr bei; sie läßt sich auch nicht durch den Hinweis auf die gewerbsmäßige Hehlerei rechtfertigen. Das Strafgesetzbuch kennt einen besonderen Tatbestand der gewerbsmäßigen Hehlerei, nicht aber einen solchen der gewerbsmäßigen Bettelei; nur die Unterbringung in einem Arbeitshaus ist von besonderen Voraussetzungen (Gewerbsmäßigkeit, Arbeitsscheu, Liederlichkeit) abhängig gemacht, die aber den Tatbestand des Bettels und damit die Schuldfrage unberührt lassen. Die Verurteilung im Schuldspruch war also rechtskräftig. Daß die Anordnung der Unterbringung die Höhe der Strafe beeinflußt habe, war als ausgeschlossen anzusehen; das Landgericht würde auf die Höchststrafe erst recht erkannt haben, wenn es die Unterbringung nicht angeordnet hätte. (I, 24. Mai 1938.) Amtl. Sammlg. S. 224—225.

Vgl. JW. 1935 S. 524.

78. **Abtreibung. Gewerbsmäßigkeit. Beihilfe.** (StGB. §§ 49, 218.) Die Gewerbsmäßigkeit gehört zu den persönlichen Eigenschaften dessen, der die strafbare Handlung begeht; sie ist daher als straferhöhender Umstand nur dem Teilnehmer zuzurechnen, bei dem sie vorliegt. Demzufolge ist eine Verurteilung wegen gewerbsmäßiger Beihilfe zur Abtreibung auch dann möglich, wenn der Haupttäter selbst nicht gewerbsmäßig gehandelt hat. (II, 25. Mai 1938.) Amtl. Sammlg. S. 225—226.

Vgl. Bd. 25 S. 266; Bd. 26 S. 3; Bd. 61 S. 268.

79. **Öffentliche Urkunde. Prozeßvergleich. Falsche Beurkundung.** (StGB. §§ 267, 268, 271; ZPO. §§ 164, 415, 794.) Ein Mann, der mit einer Frau zusammenlebte und sich als ihren Bruder ausgab, vertrat diese in einem Rechtsstreit und unterzeichnete einen vor Gericht abgeschlossenen Vergleich mit seinem angenommenen Namen. Er wurde wegen Fälschung einer öffentlichen Urkunde nach §§ 267, 268 StGB. verurteilt. Das Reichsgericht trat der Begründung des Urteils nicht in allen Punkten bei. Rechtsirrig war die Annahme, der Angeklagte habe durch die Unterzeichnung mit dem falschen Namen eine öffentliche Urkunde — die gerichtliche Niederschrift — fälschlich angefertigt. Zu prüfen war aber, ob er nicht eine Privaturkunde fälschlich angefertigt und sich zugleich in Tat-

einheit hiemit eines Vergehens gegen § 271 StGB. schuldig gemacht hätte. Hiefür kam es darauf an, ob sich die öffentliche Beweiskraft der gerichtlichen Niederschrift über den Vergleich auf die Personengleichheit der Vertragschließenden erstreckte; § 271 StGB. gewährt nur soweit Strafschutz, als im einzelnen Falle die öffentliche Beweiskraft der Urkunde reicht. Grundsätzlich bezieht sich die Beweiskraft der Niederschrift über die mündliche Verhandlung in einem bürgerlichen Rechtsstreit nur auf die Beobachtung der für die mündliche Verhandlung vorgeschriebenen Förmlichkeiten. Daraus folgt aber nicht, daß bei Aufnahme eines gerichtlichen Vergleichs die Angaben über die Personen der Beteiligten, welche die Urkunde enthält, nicht von der öffentlichen Beweiskraft der Beurkundung umfaßt würden. Der gerichtliche Vergleich hat zugleich die Eigenschaft eines verfahrensrechtlichen und eines bürgerlich-rechtlichen Rechtsgeschäfts. Gerade für die öffentliche Beurkundung rechtsgeschäftlicher Vorgänge führt aber die Zweckbestimmung der Beurkundung, die aus dem Gegenstand zu entnehmen ist, grundsätzlich dazu, die umfassendere Beweiskraft zu bejahen. Bei einem gerichtlichen Vergleich läßt sich der rechtsgeschäftliche Vorgang nicht von der Person der Beteiligten trennen; seine Bedeutung liegt darin, festzustellen, daß bestimmte Personen eine bestimmte Willenserklärung abgegeben haben. Ist die Vergleichsniederschrift unter Beachtung der wesentlichen Formvorschriften hergestellt, so ist sie eine öffentliche Urkunde, deren Beweiskraft sich auch auf die Angaben über die Personen der daran Beteiligten erstreckt. Der Angeklagte hatte also durch Irreführung der Beamten den sachlichen Inhalt der an sich echten öffentlichen Urkunde beeinflußt und sich nach § 271 StGB. schuldig gemacht. Seine Handlungsweise war ferner als Privaturkundenfälschung zu beurteilen, sofern er bezweckte, über seine Person zu täuschen. Die Unterschrift des Vergleichs war an sich nicht notwendig; war sie aber geschehen, so bezog sich die Beweiskraft der Niederschrift auch darauf, daß der Beteiligte, der mit einem bestimmten Namen aufgetreten war, die im Vergleich enthaltene Erklärung mit Namensunterschrift abgegeben hatte. Damit war eine Urkunde mit selbständigem Inhalt geschaffen worden. Sie stellte sich als

Privaturkunde dar, obwohl sie ihrem Inhalt nach von der Beweiskraft der Niederschrift betroffen wurde. Durch ihre Anfertigung wurde nicht etwa die Niederschrift als öffentliche Urkunde hergestellt; Anfertiger der amtlichen Urkunde waren allein die Beamten, welche die Niederschrift aufgenommen hatten. Der Angeklagte konnte in dieser Hinsicht auch nicht als mittelbarer Täter angesehen werden. Die für das Entstehen der Niederschrift maßgebenden Handlungen der Beamten machen die Niederschrift zur öffentlichen Urkunde; zu diesen Handlungen gehört die Unterschrift des Angeklagten nicht. (II, 25. Mai 1938.)

Amtl. Sammlg. S. 226—229.

Vgl. Bd. 39 S. 346; Bd. 58 S. 58, 378; Bd. 59 S. 19; Bd. 61 S. 410.

80. Räuberischer Diebstahl. Notstand. Gefahr für Leib und Leben. (StGB. §§ 52, 252.) Ein Mann, der sich in einer Wirtschaft angezecht hatte, nahm beim Weggehen ein vor der Tür angelehntes Fahrrad an sich und schob es vor sich her. Die Frau des Eigentümers ging ihm nach und verlangte das Rad zurück. Sie kamen in Streit; der Mann drohte ihr, er werde ihr ein Paar in die Schnauze pochen und holte mit der Hand aus, um ihr einen Schlag zu versetzen. Da noch mehrere Leute dazu kamen, ließ er das Rad fallen und lief weg. Das Landgericht hatte die Anwendung des § 252 abgelehnt, weil es keine Drohung mit gegenwärtiger Gefahr für Leib und Leben für gegeben erachtete; es hatte dabei auf die einengende Auslegung verwiesen, die dieser Begriff für den § 52 StGB. in Wissenschaft und Rechtsanwendung gefunden hatte. Die Revision des Staatsanwalts vertrat die Auffassung, die einengende Auslegung des § 52 St.-GB. könne nicht auch für den § 252 StGB. gelten. Das erkannte das Reichsgericht als richtig an; es hat seinen guten Sinn, den § 52 StGB. enger auszulegen, um ein Überhandnehmen der Anwendung des Strafausschließungsgrundes des Notstandes, namentlich seine Anwendung bei geringfügigen Anlässen, auszuschließen. Eine solche Erwägung kommt bei § 252 StGB. nicht in Betracht; hier ist vielmehr mit Rücksicht auf die Gefährlichkeit der Tat eine weitergehende Auslegung durchaus angebracht. Damit ist aber nicht gesagt, daß hier jede Drohung mit einer gegenwärtigen Gefahr für die leibliche Unversehrtheit als

Gefahr für den Leib anzusehen ist. Die Nebeneinanderstellung von Leib und Leben läßt erkennen, daß hier an Drohungen gedacht ist, die nicht wegen der Geringfügigkeit des angedrohten übels als völlig unerheblich angesehen werden können. Wo die Grenzen liegen, muß der Tatrichter auf Grund des einzelnen Falles entscheiden. Im gegebenen Falle war der Angeklagte in der Bewegungsfreiheit gehindert, weil er mit der einen Hand das Rad festhielt; auch waren Leute in der Nähe, die der Frau zu Hilfe kommen konnten. Wenn das Landgericht in seinem Verhalten keine Drohung mit gegenwärtiger Gefahr für Leib und Leben fand, lag darin kein Rechtsfehler. (IV, 27. Mai 1938.) Amtl. Sammlg. S. 229—231.

Vgl. Bd. 66 S. 397.

81. **Beweisantrag.** (StPO. § 201.) Nach Zustellung der Anklageschrift hatte der Angeschuldigte die Vornahme einzelner Beweiserhebungen vor der Hauptverhandlung beantragt. Der Antrag wurde im Eröffnungsbeschluß dahin verbeschieden, daß die Entschließung über den Antrag dem Vorsitzenden des erkennenden Gerichts vorbehalten bleibe. In der Hauptverhandlung wurde die Sache nicht mehr berührt. Das Reichsgericht hob das Urteil auf. Wenn die eröffnende Strafkammer den Antrag als bedeutungslos ansah, hatte sie ihn abzulehnen; sie konnte dabei anheimgeben, ihn in der Verhandlung zu wiederholen. Unzulässig war es aber, daß sie eine Entscheidung über den Antrag ablehnte und diese dem erkennenden Gericht überließ. In der Regel begründet allerdings die übergehung von Beweisanträgen nur dann die Revision, wenn sie in der Hauptverhandlung gestellt worden sind. Im vorliegenden Falle war aber das Verhalten der eröffnenden Strafkammer geeignet, in dem Angeklagten den Glauben zu erwecken, es werde ohne Beachtung seines Antrags keine für ihn ungünstige Entscheidung ergehen. Bei solcher Sachlage wäre es Aufgabe des Vorsitzenden gewesen, den Angeklagten aufzuklären und ihn zu befragen, ob er Beweisanträge stellen wolle. (IV, 31. Mai 1938.) Amtl. Sammlg. S. 231—233.

Vgl. Bd. 61 S. 376; JW. 1932 S. 1660, 3099.

82. **Amtsunterschlagung. Vorläufige Amtsenthebung.** (StGB. § 350; RBeamtG. § 34.) Gegen einen Gerichtsvollzieher war ein Dienststrafverfahren eingeleitet wor-

den; zugleich war ihm jede weitere Dienstausübung untersagt worden. Während dieser Zeit sandte ihm ein Gläubiger einen Haftkostenvorschuß zu mit dem Auftrag, den Schuldner zu verhaften und ihn zur Leistung des Offenbarungseides vorzuführen. Er behielt das Geld für sich. Gegen seine Verurteilung wegen schwerer Amtsunterschlagung wandte er ein, daß von einer Amtsunterschlagung nicht gesprochen werden könne, da ihm die Befugnis entzogen war, Amtshandlungen vorzunehmen. Das Rechtsmittel hatte keinen Erfolg. Auch ein vom Dienst enthobener Beamter kann immerhin noch wirksam Amtshandlungen vornehmen; er behält trotz der Enthebung die Rechtsstellung eines Beamten bei und wird mangels öffentlicher Bekanntmachung der Enthebung in keiner Weise nach außen als abberufener Beamter gekennzeichnet. Seine dienstlichen Handlungen sind zwar fehlerhaft, aber regelmäßig nicht nichtig. Nach § 34 RBeamtG. sind sogar die Amtshandlungen eines Beamten, dessen Ernennung nichtig war, mit Rücksicht auf den guten Glauben der Öffentlichkeit als vollgültig anzusehen; um so mehr muß das von den Handlungen eines wirksam ernannten Beamten gelten, der nur einem innendienstlichen Verbot der Amtsausübung unterworfen worden ist. Wer vom staatsrechtlichen Standpunkt aus als Beamter anzusehen ist, muß um so mehr vom strafrechtlichen Standpunkt aus als solcher behandelt werden, da der strafrechtliche Begriff des Beamten weiter ist als der staatsrechtliche. Die schwerere Bestrafung von Vergehen im Amte hat ihre Grundlage in der besonderen Treupflicht des Beamten, die über die vorläufige Dienstenthebung hinaus unverändert fortbesteht. Es wäre auch nicht gerecht, einen Beamten, der verdächtig ist, sich anderweit vergangen zu haben, so daß seine vorläufige Enthebung vom Dienst angeordnet worden ist, günstiger zu stellen als einen anderen, gegen den bisher nichts vorlag. (I, 3. Juli 1938.)

Amtl. Sammlg. S. 233—238.
Vgl. Bd. 63 S. 433.

83. **Schlachtsteuer. Werterſatz. Steuerpflichtiges Erzeugnis.** (RAbgO. § 401.) Das Gewicht eines geschlachteten Tiers war zu niedrig angegeben worden. Das Landgericht berechnete den Werterſatz aus dem gesamten Gewicht. Das Reichsgericht billigte das. Die Auffassung,

daß nur der Unterschied zwischen dem wirklichen und dem angegebenen Gewicht der Berechnung zugrunde gelegt werden dürfte, ist irrig. Auf Wertersatz darf erst erkannt werden, wenn die Einziehung des steuerpflichtigen Gegenstandes nicht möglich ist; die Wertersatzstrafe tritt an die Stelle der Einziehungsstrafe. Sie muß also dieselbe Menge des Erzeugnisses zum Gegenstand haben, die auch der Einziehung unterläge, falls diese noch möglich wäre. Als steuerpflichtiges Erzeugnis, hinsichtlich dessen die Hinterziehung begangen worden ist, kann nur die gesamte Fleischmenge des Schlachttiers in Frage kommen. (I, 3. Juni 1938.) Amtl. Sammlg. S. 238—239.

84. **Schlachtsteuer. Wertersatz. Steuerpflichtiges Erzeugnis.** (RAbgO. § 401.) Zwei Fleischer hatten gemeinsam mehrere Tiere geschlachtet und das Gewicht jeweils zu niedrig angegeben. Das Landgericht verurteilte sie zum Wertersatz des Fleisches aller Tiere, bei deren Schlachtungen sie beteiligt gewesen waren. Diese Berechnung erklärte das Reichsgericht für richtig. Die Wertersatzleistung hat nicht nur die Aufgabe, an Stelle einer unmöglich gewordenen Einziehung die Wegnahme des nicht mehr greifbaren Einziehungsgegenstandes rein wirtschaftlich auszugleichen. Sie ist sowohl wie die Einziehung eine Nebenstrafe, die neben die Hauptstrafe tritt und sich in ihrem Maß nach der Straftat zu richten hat. Wird also eine Schlachtung unter Hinterziehung der Steuer ausgeführt, so ist gegenüber jedem an der Straftat beteiligten Mittäter unverkürzt neben der Hauptstrafe auch die Nebenstrafe, also die Einziehung des ganzen Tierkörpers, und für den Fall, daß sie nicht vollzogen werden kann, eine weitere Geldstrafe in Höhe des Wertes des ganzen durch die Schlachtung zubereiteten Tierkörpers festzusetzen, auch gegenüber dem Gehilfen. Die Einziehung kann allerdings immer nur einmal vollzogen werden. Das wirkt aber nicht in der Weise, daß für den Fall der Unmöglichkeit der Einziehung die Wertersatzleistung auf mehrere an der Steuerhinterziehung beteiligte Angeklagte zu verteilen wäre, sondern dadurch, daß sich die Wertersatzleistung erledigt, wenn die Einziehung vollzogen wird, und daß mehrere zu Wertersatz Verurteilte im Rahmen ihrer Beteiligung an derselben Straftat nur als Gesamtschuldner haften, so daß die Zahlung des einen die anderen befreit

und untereinander die Last des Wertersatzes auszugleichen ist. (I, 31. Mai 1938.) Amtl. Sammlg. S. 239—240.

Vgl. Bd. 68 S. 11, 37; Bd. 71 S. 2; Bd. 72 S. 6.

85. **Devisenrecht. Verfügungsberechtigter. Bevollmächtigter. Vorteil. Beweislast.** (RAbgO. §§ 102—108, 416; DevG. 1935 §§ 35, 42, 45, 46.) Ein Kaufmann, der durch einen Unglücksfall ums Leben kam, wurde von seiner Frau beerbt. Seine beiden Söhne fanden im Nachlaß Schrankfachschlüssel einer Schweizer Bank. Ohne Vorwissen ihrer Mutter begaben sie sich in die Schweiz, öffneten das Schrankfach und fanden darin Schweizer Wertpapiere im Nennwert von 132500 Schweizer Franken. 3500 Franken sandten sie unter Decknamen an die deutsche Gesandtschaft in Bern; den Rest übergaben sie in einem versiegelten Paket, angeblich als vertraulichen Brief, einem Verwandten in der Schweiz. Sie wurden wegen vorsätzlichen Nichtanbietens ausländischer Wertpapiere zu Gefängnisstrafen und Geldstrafen verurteilt; ferner ordnete das Urteil die Einziehung der Wertpapiere an. Ihre Mutter legte gegen das Urteil Revision ein, soweit auf Einziehung erkannt worden war. Sie hatte keinen Erfolg. Das Urteil gegen die Söhne war im Schuldspruch rechtskräftig, mußte aber gleichwohl nachgeprüft werden, weil die Revision der Mutter zulässigerweise auch damit begründet war, daß sie den Schuldspruch gegen die Söhne als unrichtig bezeichnete. Mit Recht hatte aber das Landgericht die beiden Söhne als Verfügungsberechtigte angesehen. Hiefür ist es nicht nötig, daß die Verfügungsberechtigung für einen anderen ausgeübt wird; vielmehr tritt als Verfügungsberechtigter auch auf, wer nach außen handelt, als ob er kraft eigenen Rechts verfüge. Die beiden Söhne waren also verpflichtet, die Wertpapiere der Reichsbank anzubieten. Auch die tatsächlichen und rechtlichen Grundlagen für die Einziehung der Wertpapiere waren gegeben. Im Urteil war bemerkt, die Mutter habe nicht den ihr obliegenden Beweis erbracht, daß sie keinen Vorteil gehabt habe. Die Revision vertrat die Auffassung, daß von einer Beweislast nicht gesprochen werden könne. Das Reichsgericht ließ die Frage unentschieden, da die Mutter, die durch einen Rechtsanwalt vertreten war, keinerlei Beweisanträge gestellt hatte, die dartun sollten, daß sie keinen Vorteil gehabt hatte. Ohne

Rechtsirrtum konnte hienach das Landgericht ausführen, es sei kein Beweis erbracht, daß die Mutter keinen Vorteil gehabt habe, es sei sogar das Gegenteil erwiesen. Einen Vorteil hatte das Landgericht mit Recht darin gesehen, daß ihr die Nachzahlung erheblicher Steuern erspart blieb, bis die Straftat aufgedeckt wurde, und daß sie bis dahin Eigentümerin der Wertpapiere blieb. Ob sie von diesen Vorteilen Kenntnis hatte, war ohne Belang. Die Einziehung der Wertpapiere war also mit Recht ausgesprochen worden. Der Staatsanwalt hatte Revision eingelegt, weil gegen die Mutter nicht auf Haftung für die Geldstrafen und Kosten erkannt worden war. Das Landgericht hatte angenommen, daß die Söhne nicht als Bevollmächtigte der Mutter gehandelt hätten. Das Reichsgericht entschied, daß der Begriff des Bevollmächtigten in der Reichsabgabenordnung weiter auszulegen sei als im bürgerlichen Recht. Als Bevollmächtigter ist auch der verdeckte Stellvertreter anzusehen und darüber hinaus jeder, den der Auftraggeber tatsächlich dazu bestellt hat, Handlungen im Rechtssinn für ihn vorzunehmen, und ihn dadurch in die Lage versetzt hat, über Vermögensstücke des Auftraggebers rechtlich oder tatsächlich zu verfügen. Danach war die Haftung der Mutter mit Unrecht abgelehnt worden.
(IV, 3. Juni 1938.) Amtl. Sammlg. S. 240—246.
Vgl. Bd. 61 S. 228; Bd. 62 S. 15; Bd. 63 S. 294; Bd. 67 S. 32; Bd. 69 S. 32; JW. 1933 S. 427; 1935 S. 535; 1937 S. 2910; 1938 S. 38; RFH. Bd. 13 S. 146; Bd. 15 S. 116; Bd. 33 S. 76; Bd. 40 S. 100.

86. Notstand. Gegenwärtige Gefahr. (StGB. § 54.) In einem Bergwerk wurden durch schlagende Wetter mehrere Bergleute getötet und verletzt. Der diensttuende Wettermann wurde wegen fahrlässiger Tötung und fahrlässiger Körperverletzung verurteilt. Das Reichsgericht billigte das Urteil. Es war festgestellt, daß der Angeklagte, obwohl er in einer Abteilung etwas Schlagwetter festgestellt hatte, hievon dem verantwortlichen Steiger keine Mitteilung machte und daß er weiter, als er eine bedrohliche Weiterentwicklung der Schlagwetter wahrnahm, das seiner Wachsamkeit anvertraute Revier verließ und ausfuhr, ohne die Arbeitskameraden zu warnen. Wenn der Angeklagte irrig annahm, daß seine Warnung nichts mehr hätte nützen können, schloß das seine Strafbarkeit nicht aus, wenn der Irrtum auf Fahrlässigkeit beruhte. Der Angeklagte hatte sich auch auf Notstand berufen mit der Begründung, daß ein längeres Verweilen in der Grube für ihn eine gegenwärtige Gefahr für Leib und Leben bedeutet hätte. Daß eine solche Gefahr gegeben war, konnte nicht verneint werden; ein Schuldausschluß auf Grund Notstandes schied aber aus zwei Gründen aus. Der Notstand war nicht unverschuldet. Wenn der Angeklagte pflichtgemäß bei seiner ersten Wahrnehmung den Steiger verständigt hätte, wären die Leute zurückgezogen worden und er wäre nicht mehr in die Lage gekommen, sein eigenes Leben und seine Gesundheit dadurch zu retten, daß er seiner Pflicht, die Belegschaft zu warnen, nicht nachkam. Die Vorschrift über den Notstand konnte aber unter den bestehenden Umständen auf den Angeklagten überhaupt nicht angewandt werden. Diese Vorschrift will für besondere Lagen einen Schuldausschließungsgrund schaffen, in denen bei Berücksichtigung des Selbsterhaltungstriebes oder der Fürsorge für Angehörige ein normgemäßes Verhalten nicht zuzumuten ist. Besteht aber die berufliche Aufgabe gerade darin, eine bestimmte Tätigkeit unter Einsatz von Leib und Leben auszuführen, so kann sich der Verpflichtete dieser Aufgabe nicht mit der Begründung entziehen, es sei ihm nicht zuzumuten, sich dieser Gefahr auszusetzen. Das ist für Soldaten und Seeleute ausdrücklich vorgeschrieben, gilt aber in ähnlichem Sinne auch für Polizeibeamte, Feuerwehrmänner und ähnliche Berufe. Als Bergmann war der Angeklagte verpflichtet, die Gefahrenstrecke im Grubenfeld zu befahren und im Falle von Gefahr die Belegschaft zu warnen; eine solche Warnung wäre nach den Feststellungen des Urteils nicht ohne Aussicht gewesen. (IV, 14. Juni 1938.)

Amtl. Sammlg. S. 246—250.

Vgl. Bd. 36 S. 340; Bd. 66 S. 222.

87. **Sachverständiger. Befangenheit.** (StPO. § 74.) In einem Verfahren wegen fahrlässiger Tötung wurde auf Anordnung des Vorsitzenden als Sachverständiger ein Arzt geladen, der schon vorher einer Versicherungsgesellschaft ein Gutachten über den Unfall ausgearbeitet hatte. Der Verteidiger lehnte ihn wegen Befangenheit ab; das Landgericht wies aber den Antrag zurück. Die Revision hatte Erfolg. Es war davon auszugehen, daß das Interesse der

Versicherungsgesellschaft, für die der Sachverständige schon vorher tätig gewesen war, mit den Interessen des Angeklagten im Strafverfahren nicht übereinstimmte. Der Frage, ob er sich in diesem Gutachten schon festgelegt oder nur vorläufig geäußert hatte, kam eine entscheidende Bedeutung nicht zu, da schon das berufliche Tätigwerden eines Sachverständigen für fremde Interessen vom Standpunkt des Angeklagten aus geeignet war, die Besorgnis der Befangenheit zu rechtfertigen. (II, 16. Juni 1938.)

Amtl. Sammlg. S. 250—252.

88. **Vollstreckungsvereitelung. Vermögensbestandteil. Forderungsabtretung. Einziehungsvollmacht.** (StGB. § 288; ZPO. § 771.) Einem Kaufmann wurden Forderungen zum Zweck der Einziehung abgetreten. Um einer drohenden Vollstreckung in diese Forderungen zuvorzukommen, trat er sie weiter an seine Ehefrau ab. Er wurde wegen Vereitelung der Zwangsvollstreckung verurteilt, seine Ehefrau wegen Beihilfe hiezu. Das Reichsgericht verwies die Sache zurück. Wenn dem Angeklagten die Forderungen nur zur Einziehung abgetreten waren, konnte der Gläubiger ihrer Pfändung widersprechen; die Vollstreckung hätte dann nicht zum Ziele geführt. Wenn der Angeklagte im Bewußtsein hievon die Forderungen an seine Frau abtrat, fehlte es ihm jedenfalls an dem Vorsatz, die Befriedigung des Vollstreckungsgläubigers zu vereiteln. Wenn er sich dessen nicht bewußt war, hing die Strafbarkeit davon ab, ob die Forderungen zu seinem Vermögen gehörten. Der Gläubigerschutz, den die Strafgesetze bezwecken, reicht gegenüber einem böswilligen Schuldner nicht weiter als im Falle des Konkurses. Wer eine Forderung nur zur Einziehung abgetreten hat, kann im Konkurs dessen, dem er sie abgetreten hat, ein Aussonderungsrecht geltend machen; Gegenstände, hinsichtlich deren ein solches Recht besteht, gehören nicht zur Konkursmasse. Das muß entsprechend auch gegenüber Einzelvollstreckungen gelten. Der Vollstreckungsgläubiger hat kein rechtlich oder wirtschaftlich begründetes Interesse daran, daß ihm bei der Zwangsvollstreckung der Zugriff auf eine Forderung offengehalten wird, die sachlich-rechtlich und wirtschaftlich seinem Schuldner gar nicht zusteht, sondern dem, der sie dem Schuldner abgetreten hat. Allerdings ist nach dem Recht der Zwangsvollstreckung eine

Pfändung solcher Gegenstände nicht schlechthin unzulässig; der Schuldner kann sich auch nicht selbst dagegen wehren; es kann vorkommen, daß der Treugeber sein Recht nicht geltend macht, so daß sich der Vollstreckungsgläubiger trotz des ihm entgegenstehenden Rechts des Treugebers aus dessen Vermögen befriedigen kann. Diese entfernte Möglichkeit reicht aber nicht hin, die Weiterveräußerung eines solchen Gegenstandes zu bestrafen. (I, 24. Juli 1938.)

Amtl. Sammlg. S. 252—256.

Vgl. Bd. 22 S. 211; Bd. 61 S. 407; Bd. 66 S. 177, Bd. 71 S. 227.

89. Urkundenfälschung. Vorteil. (StGB. § 268.) Eine Urkundenfälschung ist auch dann in der Absicht begangen, sich einen Vermögensvorteil zu verschaffen, wenn sie in der Absicht vorgenommen wird, dafür eine Belohnung zu erhalten. Es gehört nicht zum Tatbestand der schweren Urkundenfälschung, daß der Vermögensvorteil erst durch den Gebrauch der gefälschten Urkunde erzielt werden soll. (II, 30. Mai 1938.) Amtl. Sammlg. S. 257.

Vgl. Bd. 18 S. 145; Bd. 50 S. 55.

90. Gewerbsmäßige Unzucht zwischen Männern. Fortsetzungszusammenhang. (StGB. §§ 73, 175, 175 a.) Wegen Vergehens der Unzucht zwischen Männern in sieben Fällen und wegen Verbrechens der gewerbsmäßigen Unzucht zwischen Männern in drei Fällen war der Angeklagte zu einer Gesamtstrafe verurteilt worden. Einige Monate später wurde er wegen eines weiteren Verbrechens der gewerbsmäßigen Unzucht zwischen Männern neuerdings zu einer Gefängnisstrafe verurteilt, die mit der schon ausgesprochenen Strafe zu einer Gesamtstrafe verbunden wurde. Er berief sich darauf, daß diese Tat schon durch das vorausgegangene Urteil erledigt sei. Das traf nicht zu. In dem früheren Urteil waren die einzelnen Handlungen als selbständige Einzelfälle angenommen worden; daran war das Landgericht im zweiten Urteil gebunden. Übrigens ist die Annahme eines Fortsetzungszusammenhangs bei Unzucht, die mit verschiedenen Männern getrieben worden ist, ausgeschlossen. Solche Handlungen verlieren nicht dadurch die Eigenschaft selbständiger Taten,

daß sie gewerbsmäßig begangen werden. (II, 23. Juni 1938.) Amtl. Sammlg. S. 257—259.
Vgl. Bd. 54 S. 283; Bd. 70 S. 145, 243; Bd. 72 S. 164.

91. Gefährlicher Gewohnheitsverbrecher. (StGB. §§ 20 a, 42 e, 51.) Gegen das Urteil legte der Staatsanwalt Revision ein, weil der Angeklagte nicht zur Unterbringung in einer Heil- und Pflegeanstalt verurteilt worden war. Damit war der ganze Strafausspruch einschließlich der Frage der verminderten Zurechnungsfähigkeit angefochten und der Nachprüfung unterstellt. Das Landgericht hatte den Angeklagten deshalb als nicht gefährlich angesehen, weil seine Straftaten nicht auf eine besondere Stärke des verbrecherischen Willens, sondern auf seinen Leichtsinn und das Bestreben, anderen zu helfen, zurückzuführen seien und keine erhebliche Störung des Rechtsfriedens bedeuteten. Damit waren die Gesichtspunkte, die für die Feststellung der Gefährlichkeit maßgebend sind, verkannt. Der Schluß, daß ein Gewohnheitsverbrecher gefährlich ist, muß sich aus der Gesamtwürdigung seiner Persönlichkeit und einer gewissen Mindestzahl von Straftaten ergeben. Er ist dann geboten, wenn zunächst die Wahrscheinlichkeit eines künftigen Rückfalls besteht, wenn weiter ein dem Täter innewohnender verbrecherischer Hang, dem die bisherige strafbare Betätigung entspringt, weitere Straftaten erwarten läßt und wenn schließlich die künftigen Straftaten von einer gewissen Erheblichkeit sein werden. Ein Gewohnheitsverbrecher kann auch dann gefährlich in diesem Sinne sein, wenn sein verbrecherischer Hang auf einer ererbten oder erworbenen Willensschwäche oder leichten Beeinflußbarkeit beruht. (II, 23. Juni 1938.
Amtl. Sammlg. S. 259—260.
Vgl. Bd. 69 S. 110.

92. Wehrpflichtentziehung. Arbeitsdienst. Entsprechende Anwendung. (StGB. §§ 2, 140, 142, 143; AusfVO. § 11; 2. DurchfVO. z. RArbDG. Art. 7.) Eine Ausdehnung der Strafvorschriften über Verletzung der Wehrpflicht auf die Nichterfüllung der Arbeitsdienstpflicht ist weder unmittelbar noch entsprechend zulässig. Der Grundgedanke der Wehrpflicht trifft auf den Arbeitsdienst nicht zu. Bei ihm handelt es sich vor allem um die Erziehung der Jugend zur Volksgemeinschaft, bei der Wehrpflicht um die Sicherung des Bestandes unseres Volkes gegen äußere Feinde. Die Frage, ob die bestehenden Vorschriften zur Sicherung der Arbeitsdienstpflicht ausreichen, muß dem Gesetzgeber überlassen werden. (III, 27. Juni 1938.)

Amtl. Sammlg. S. 260—262.

93. **Antrag auf gerichtliche Entscheidung.** (RAbgO. § 465; StPO. § 303.) Der Antrag auf gerichtliche Entscheidung kann nicht mehr zurückgenommen werden, nachdem das Gericht ein Urteil verkündet hat, auch wenn dieses Urteil durch das Gericht des höheren Rechtszuges nebst den Feststellungen aufgehoben und die Sache zur neuen Verhandlung und Entscheidung an das Gericht des ersten Rechtszugs zurückverwiesen worden ist. (IV, 28. Juni 1938.) Amtl. Sammlg. S. 263—264.

Vgl. Bd. 67 S. 281.

94. **Devisenrecht. Versuch. Aushändigung zugunsten eines Ausländers. Fortsetzungszusammenhang.** (DevG. 1935 §§ 11, 42.) L. hatte Gänse, die dem in Polen wohnenden P. gehörten, über die Grenze geschmuggelt und an S. verkauft; dieser hatte den Preis zum Teil an P., zum Teil an L. bezahlt. Daß P. im Ausland wohnte, war ihm bekannt; mit der Zahlung an ihn wurde ein Vergehen gegen das Devisengesetz einwandfrei erfüllt. Ob er auch wußte, daß L. im Ausland wohnte, stand nicht fest. Wenn er ihn für einen Inländer gehalten und an ihn zugunsten eines Ausländers gezahlt hatte, war er sich des Tatbestandes, den er verwirklichte, nämlich der unmittelbaren Aushändigung von Geld an einen Ausländer, nicht bewußt; es lag also nur der Versuch einer ungenehmigten Aushändigung von Zahlungsmitteln an einen Inländer im Inland zugunsten eines Ausländers vor. Das Landgericht hatte aber diese Straftat mit den Zahlungen an P. zu einem fortgesetzten Vergehen gegen das Devisengesetz zusammengefaßt, so daß das versuchte Vergehen in dem vollendeten aufging. Dem stand rechtlich nichts im Wege, denn die beiden Tatbestände waren nach ihrer Art und Zielrichtung so nahe verwandt, daß sie im Fortsetzungszusammenhang stehen konnten. Ein Aushändigen zugunsten eines Ausländers liegt schon dann vor, wenn der Täter die Zahlungsmittel dem anderen aushändigt, weil er will, daß der Empfänger sie einem Ausländer in einer devisenrechtlich strafbaren Weise zu-

kommen lasse. Die Auffassung, daß immer eine Begünstigung im Rechtssinne vorliegen müsse, billigte das Reichsgericht nicht. (IV, 15. Juli 1938.)

Amtl. Sammlg. S. 264—268.

Vgl. Bd. 70 S. 88; JW. 1937 S. 2410.

95. Verteidiger. Akteneinsicht. (StPO. § 147.) Dem Gericht waren Akten des Finanzamts zugeleitet worden mit dem Beifügen, daß dem Verteidiger eine Einsicht nicht gewährt werden dürfe. Demgemäß wurde dem Verteidiger die Einsicht verweigert, nachträglich aber teilweise gestattet. Das führte zur Aufhebung des Urteils. Die Meinung, daß der Verteidiger ein unbedingtes Recht auf Einsicht aller Akten habe, die zu den Gerichtsakten beigezogen worden sind, trifft allerdings nicht zu. Jeder Behörde steht das Verfügungsrecht über ihre Akten zu, auch gegenüber Übersendungsersuchen des Gerichts. Daraus folgt, daß eine Behörde dem Gericht Akten mit der Bestimmung übersenden kann, daß sie den Beteiligten nicht zugänglich gemacht werden dürfen. Anderseits darf aber kein Tatsachenstoff gegen den Angeklagten verwandt werden, der seinem Verteidiger nicht zugänglich gemacht worden ist. Akten, die nur zum vertraulichen Gebrauch übergeben sind, dürfen also in keiner Weise gegen den Angeklagten verwandt werden. Dagegen hatte das Gericht verstoßen. Der Verstoß konnte auch nicht dadurch geheilt werden, daß dem Verteidiger ein Teil der Akten mit Zustimmung des Finanzamts zugänglich gemacht wurde; während der Vernehmung des Angeklagten und wichtiger Zeugen fehlte dem Verteidiger die Kenntnis der Akten. Auf diesem Mangel konnte das Urteil beruhen. Für die neue Verhandlung wies das Reichsgericht darauf hin, daß das Gericht auf Grund seiner Pflicht, die Wahrheit zu ermitteln, durch Vorstellung bei der zuständigen Behörde oder ihrer vorgesetzten Dienststelle auf die Erteilung der Zustimmung zur Gewährung der Akteneinsicht durch den Verteidiger hinwirken müsse; dabei ist insbesondere zu beachten, daß der Verteidiger im nationalsozialistischen Staat die Stellung eines Dieners am Recht einnimmt. Erweist sich dieser Weg als ungangbar, so wird notfalls in der Weise zu verfahren sein, daß die zur Verfügung berechtigte Behörde jene Aktenstücke entheftet, deren Geheimhaltung sie für unerläßlich hält, oder daß beglaubigte Abschriften der

Aktenstücke, die für das Verfahren von Bedeutung sind, den Gerichtsakten beigefügt und so dem Verteidiger zugänglich gemacht werden. (IV, 15. Juli 1938.)

Amtl. Sammlg. S. 268—276.

Vgl. Bd. 42 S. 291; Bd. 44 S. 291; Bd. 56 S. 94; Bd. 71 S. 353; Bd. 72 S. 219.

96. Wein. Verschnittverbot. Betrug. Zollhinterziehung. Beihilfe. Irrtum. (WeinG. §§ 2, 5, 6, 7, 14, 26, 28, 31, 33; StGB. § 273; RAbgO. § 396; VZG. §§ 134, 136 Nr. 8, 158; AusglStVO. § 25.) Ein Weinhändler brachte Weine, die er durch Verschneiden von Weinen deutscher und ausländischer Herkunft hergestellt hatte, als französische Weine in Verkehr, obwohl sie nur geringe Zusätze französischer Weine enthielten. Er wurde wegen fortgesetzten Betrugs verurteilt. Die Verschnitte waren größtenteils auf dem Zollager des Angeklagten vorgenommen worden. Von der Anklage der Zollhinterziehung und des Bannbruchs war er freigesprochen worden. Sein Kellermeister, der die Verschnitte hergestellt hatte, war wegen Beihilfe angeklagt, aber ebenfalls freigesprochen worden. Die Revision des Staatsanwalts und des Hauptzollamts hatte Erfolg. Das Weingesetz verbietet, Wein unter einer irreführenden Bezeichnung, Angabe oder Aufmachung in den Verkehr zu bringen, geographische Bezeichnungen im gewerbsmäßigen Verkehr mit Wein anders als zur Kennzeichnung der Herkunft zu verwenden und einen Verschnitt aus Erzeugnissen verschiedener Herkunft nach einem Teil allein zu benennen, wenn dieser nicht mindestens zwei Drittel der gesamten Menge beträgt und die Art bestimmt. Verstöße gegen diese Vorschriften hatte der Angeklagte in allen Einzelfällen, die ihm zur Last lagen, begangen und zwar, soweit er die Weine veräußert hatte, in allen Entwicklungsstufen, soweit sie noch bei ihm gefunden worden waren, wenigstens in einem Teil der in den Vorschriften vorgesehenen Tatbestände. Grundsätzlich ist weiter verboten, deutsche Weine mit ausländischen zu verschneiden; von den zugelassenen Ausnahmen kam keine in Betracht. Das Landgericht hatte angenommen, das Verbot gelte nicht für Zusätze deutschen Weines zu ausländischen Weinen, die dann als ausländische in Verkehr gebracht würden. Das Reichsgericht erklärte diese einengende Auslegung des Gesetzes für nicht richtig. Unter Verschnitt versteht das

Gesetz nicht nur solche Beimischungen, welche die Art des Weines unberührt lassen; es verbietet jede Beimischung von Wein zu andersartigem Wein, soweit nicht ausdrücklich Ausnahmen zugelassen sind. Welcher Wein die Art bestimmt, ist in vielen Fällen kaum feststellbar. Soweit der Wein zum Verkauf gekommen war, gingen in dieser Begehungsform die Vorstufen des Anbietens, Vorrätighaltens und Feilhaltens auf. Die Verstöße gegen den § 26 Nr. 3 in Verbindung mit § 5 Abs. 1 des Weingesetzes standen in Tateinheit mit jenen gegen den § 26 Nr. 3 in Verbindung mit den §§ 6, 7 WeinG., ebenso die Verstöße gegen § 26 Nr. 1 in Verbindung mit § 13 mit jenen gegen den § 26 Nr. 3 in Verbindung mit § 5 Abs. 1 WeinG. und zwar, da schon der Versuch des Vergehens gegen § 26 Nr. 1 strafbar ist, auf allen Entwicklungsstufen. Da die Einzelfälle im Fortsetzungszusammenhang standen, lag nur ein einheitliches Vergehen gegen das Weingesetz vor, das nach den § 26 Nr. 1, 3 strafbar war. Die Anwendung dieser Strafvorschrift schloß die Anwendung der entsprechenden Vorschriften des Lebensmittelgesetzes aus. Das Vergehen des fortgesetzten Betrugs traf in den Einzelfällen, in denen es zu einem Verkauf von Wein oder zu einem Angebot an bestimmte Abnehmer gekommen war, tateinheitlich mit dem Vergehen gegen § 26 WeinG. zusammen, jedenfalls insoweit, als es sich um Verstöße gegen § 26 Nr. 3 in Verbindung mit § 5 und § 26 Nr. 1 in Verbindung mit § 13 WeinG. handelte. Ob, wie das Landgericht annahm, das betrügerische Handeln schon bei Vornahme der Verschnitte begonnen hatte, konnte dahingestellt bleiben. Da der Betrug mit höherer Strafe bedroht ist, kamen für die Strafbemessung die Vorschriften des Weingesetzes nicht in Anwendung. Das galt auch insoweit, als bei dem Angeklagten noch Weine vorgefunden worden waren. Mit Recht war der Angeklagte nur wegen fortgesetzten Betrugs bestraft worden; daneben war nach § 28 WeinG. die Anordnung der Einziehung des Weines zulässig. Unhaltbar war die Freisprechung des Angeklagten von der Anklage der Zollhinterziehung. Hiefür kam der Vermutungstatbestand des § 126 Nr. 8 ZG. in Betracht; darnach wird der Vorsatz der Steuerhinterziehung vermutet, solange sich nicht feststellen läßt, daß der Täter keine Zollhinterziehung habe verüben können und daß keine solche beabsichtigt gewesen sei. Soweit der Angeklagte verkehrsunfähige Verschnitte aus dem Zolllager in das Zollinland eingeführt hatte, war er nach § 14 WeinG. wegen Bannbruch zu verurteilen. Auch hier genügt der äußere Tatbestand, da die Schuldvermutung des § 136 Nr. 8 ZVG. auch für den Bannbruch gilt. Zollhinterziehung und Bannbruch standen mit dem Vergehen gegen das Weingesetz in Tateinheit. Diese Vorschriften waren aber nicht anzuwenden, da die Strafe aus der Vorschrift über Betrug zu entnehmen war. Eine Strafvorschrift, die nicht zur Anwendung kommt, kann keine Tateinheit begründen. Für den Betrug aber stellte das Herstellen der Verschnitte nur eine Vorbereitungshandlung dar, nicht die tatbestandsmäßige Handlung selbst, die in der Täuschung besteht. Die Freisprechung des Kellermeisters hatte das Landgericht damit begründet, daß ihm die Kenntnis des Verbots des § 2 WeinG. nicht nachgewiesen sei. Ein solcher Rechtsirrtum hätte aber als Strafrechtsirrtum nicht ausgereicht, um die Strafbarkeit auszuschließen. Daß der Haupttäter nicht nach den Vorschriften des Weingesetzes, sondern nach jenen über Betrug zu strafen war, schloß nicht aus, den Gehilfen wegen Beihilfe zu Vergehen gegen das Weingesetz zu strafen. Die Vermutungstatbestände des Vereinszollgesetzes gelten auch für den Gehilfen. (III, 18. Juli 1938.)

Amtl. Sammlg. S. 276—284.

Vgl. Bd. 49 S. 298; Bd. 52 S. 280; Bd. 61 S. 371; Bd. 66 S. 298, 305; Bd. 70 S. 103; Bd. 71 S. 205, 366.

97. Gewerbsmäßige Hehlerei. Sammelstraftat. (StGB. §§ 259, 260.) Das Landgericht hatte zwei Fälle gewerbsmäßiger Hehlerei bei dem Angeklagten festgestellt, diese aber als eine rechtliche Einheit (Sammelstraftat) behandelt. Das entsprach der bisherigen Rechtsprechung des Reichsgerichts. An dieser hielt aber das Reichsgericht nicht mehr fest. Es entspricht dem Sinne des Gesetzes, jede Einzeltat, die mit dem Willen der Gewerbsmäßigkeit begangen wird, mit höherer Strafe zu belegen. Die Zusammenfassung gewerbsmäßiger Handlungen zu einer Sammelstraftat ist eine Schöpfung der Rechtsprechung, die damit den Bedürfnissen des Lebens entgegenkommen wollte. Die Wirkungen, die sich daraus für die Frage des Verbrauchs der Strafklage ergeben, sind aber zu einem

Hemmnis geworden, den Täter im Einzelfalle so bestrafen zu können, wie er es verdient. Es ist deshalb davon auszugehen, daß die einzelne Hehlereihandlung nicht dadurch die Eigenschaft einer selbständigen Handlung verliert, daß sie gewerbsmäßig begangen wird. (II, 18. Juli 1938.)

Amtl. Sammlg. S. 284—286.

Vgl. Bd. 72 S. 164.

98. **Eisenbahngefährdung. Fahrlässige Tötung.** (StGB. §§ 222, 315, 316.) Durch Verschulden mehrerer Bahnbeamter war ein Zug abgelassen worden, ohne daß die Meldestellen davon verständigt waren. Infolgedessen unterblieb das Schließen einer Schranke. Ein Lastwagen fuhr über das Gleis, als der Zug herankam. Drei Personen wurden durch den Zusammenstoß getötet. Das Landgericht hatte bei der Verurteilung der Bahnbeamten nicht geprüft, ob auch ein Mitverschulden des Lastwagenführers vorlag. Das wäre schon wegen des Strafmaßes notwendig gewesen. Ein Mitverschulden kam in Frage, wenn der Lastwagenführer bei der Fahrt über den Bahnübergang die ihm obliegende Sorgfaltspflicht außer acht gelassen hatte. Das Offenstehen der Schranke enthob den Lastwagenführer nicht von der Pflicht, sich rechtzeitig davon zu überzeugen, daß sich kein Eisenbahnzug in gefahrdrohender Nähe befand. Das Landgericht hätte also prüfen sollen, ob er sehen konnte, in welcher Lage sich die Schranke befand, ob sie mit einem Läutwerk versehen war, ob der Lastwagenführer das Läuten hören konnte, ob er den Schrankenwärter sah und annehmen konnte, daß dieser die Schranke herablassen werde, ob er, als er das wahrnahm, überhaupt noch halten konnte. (II, 18. Juli 1938.)

Amtl. Sammlg. S. 286—289.

99. **Innung. Geschäftlicher Betrieb. Beamter. Beauftragter. Bestechung. Unlauterer Wettbewerb. Entsprechende Anwendung.** (UnlWG. § 12; StGB. §§ 2, 333, 359). Ein Farbenfabrikant verschickte an die Obermeister von Malerinnungen ein Rundschreiben, worin er sie bat, seine beiliegenden Preislisten an die Innungsmeister zu verteilen; als Gegenleistung für ihre Bemühungen bot er ihnen fürs erste Jahr 5% an. Er wurde von der Anklage unlauteren Wettbewerbs freigesprochen. Das Reichsgericht verwies die Sache zurück. Die Anwendung des § 333 StGB. war mit Recht abgelehnt worden. Der Ober-

meister einer Innung ist weder ein Beamter im staatsrechtlichen Sinne noch ist er zu Dienstverrichtungen berufen, die aus der Staatsgewalt abgeleitet sind und staatlichen Zwecken dienen. Die Innungen sind zwar Körperschaften des öffentlichen Rechts; das Reich hat es aber nicht übernommen, ihre Aufgaben als eigene Aufgaben zu führen. Mögen auch die Belange der Innungen in erheblichem Umfang mit denen der Allgemeinheit Hand in Hand gehen, so genügt das doch nicht, den Leiter dieses gewerblichen Selbstverwaltungskörpers als Beamten anzusehen. Die Rechtslage ist hier ähnlich wie bei den Ortskrankenkassen und den gewerblichen Berufsgenossenschaften; ihre Geschäftsführer und Angestellten sind, soweit sie nicht Vollstreckungsaufgaben haben, nicht als Beamte anzusehen. Die Innungen sind aber auch keine geschäftlichen Betriebe, so daß § 12 UnlWG. ebenfalls nicht anwendbar war. Die Obermeister der Innungen können auch nicht als Beauftragte der einzelnen Geschäftsbetriebe der Innungsangehörigen betrachtet werden. Der Begriff des Beauftragten ist allerdings nach der Rechtsprechung des Reichsgerichts im weitesten Sinne zu nehmen (ebenso wie der des Bevollmächtigten). Es genügt hiezu, daß sich jemand, ohne selbst Inhaber eines Betriebs zu sein, durch seine Stellung, wenn auch auf Grund gesetzlicher Regelung, in einem Verhältnis zu dem Betrieb befindet, das ihn zu geschäftlichem Handeln für den Betrieb berechtigt und verpflichtet und ihm unmittelbaren oder mittelbaren Einfluß auf die geschäftlichen Entschließungen einräumt, die für den Betrieb zu treffen sind. Diese Stellung hat der Obermeister einer Innung nicht; er hat als Führer der Innung gewisse Aufsichts- und Anweisungsrechte, mit der Geschäftsführung der einzelnen Betriebe hat er aber nichts zu tun. Dagegen konnte § 12 UnlWG. entsprechend angewendet werden. Der Sinn der Aufforderung des Angeklagten konnte kaum ein anderer sein, als daß er den Obermeistern eine Vergütung von 5% für die von ihnen vermittelten Lieferungen versprochen hatte; darin war nach aller Lebenserfahrung auch die Zumutung zu finden, die Obermeister sollten die Ware des Angeklagten unter Ausnutzung ihrer Stellung als Innungsleiter mit Rücksicht auf die ihnen in Aussicht gestellte Vergütung, also nicht aus sachlichen Erwägungen, ohne vorherige Prüfung der Ware empfehlen. Hätte ein Obermeister so gehandelt, so wäre das unlauter gewesen. Durch § 12 UnlWG. werden neben Gefolgschaftstreue auch Anstand und gute Sitte des geschäftlichen Lebens im Verhältnis der Wettbewerber zueinander geschützt. An dem Tatbestand dieser Vorschrift fehlte, daß die Obermeister keine Angestellten oder Beauftragten der geschäftlichen Betriebe waren, bei denen sich der Angeklagte die Bevorzugung verschaffen wollte. Für die entsprechende Anwendung der Vorschrift genügt, daß jemand, ohne Angestellter oder Beauftragter eines geschäftlichen Betriebes zu sein, zu ihm in einer solchen Beziehung rechtlicher Art steht, daß er tatsächlich auf die den Umsatz betreffenden Maßnahmen einzuwirken in der Lage ist. (I, 19. Juli 1938.) Amtl. Sammlg. S. 289—294. Vgl. Bd. 38 S. 17; Bd. 58 S. 429; Bd. 62 S. 24; Bd. 68 S. 70, 119, 263; Bd. 69 S. 231; Bd. 70 S. 234.

100. Gefährlicher Gewohnheitsverbrecher. Sicherungsverwahrung. (StGB. §§ 20a, 42e.) Das Landgericht hatte die Anordnung der Sicherungsverwahrung abgelehnt, obwohl der Angeklagte schon mehr als dreimal wegen Diebstahls erheblich bestraft worden war. Die Revision des Staatsanwalts führte zur Zurückverweisung der Sache. Die bloße Feststellung, daß der Angeklagte schon früher Diebstähle begangen habe, konnte allerdings nicht ausreichen um festzustellen, ob er als gefährlicher Gewohnheitsverbrecher zu erachten war. Gewohnheitsverbrecher ist eine Persönlichkeit, die infolge eines auf Grund charakterlicher Veranlagung bestehenden oder durch Übung erworbenen inneren Hanges wiederholt Rechtsbrüche begangen hat und zur Wiederholung neigt. Gefährlich ist ein Gewohnheitsverbrecher dann, wenn eine bestimmte Wahrscheinlichkeit dafür besteht, daß er auch in Zukunft weitere erhebliche Straftaten begehen werde. Ob diese Merkmale zutreffen, muß sich aus der Gesamtwürdigung von mindestens drei erheblichen Straftaten ergeben, die er schon begangen hat. Die öffentliche Sicherheit erfordert dann die Anordnung der Sicherungsverwahrung, wenn der Bestand der die öffentliche Sicherheit gewährleistenden Rechtsordnung voraussichtlich auch im Zeitpunkt der Entlassung aus der Strafhaft bedroht ist und auf andere Weise als durch Sicherungsverwahrung keine wirksame Abhilfe zu erreichen ist. Ein verbrecherischer Hang konnte auch vorliegen, wenn der Angeklagte die früheren Diebstähle in einer Notlage oder mit Ausnutzung einer besonderen Gelegenheit begangen hatte. Im Urteil fehlte auch eine eingehende Würdigung der Frage, ob der Angeklagte wahrscheinlich neue erhebliche Straftaten begehen werde, welcher Einfluß von der Strafverbüßung zu erwarten war und ob die Umgebung, in die der Angeklagte nach der Strafverbüßung zurückkehren sollte, der Wiederholung von Straftaten entgegenwirken werde. Wenn die größere Wahrscheinlichkeit für die weitere Begehung von Diebstählen sprach, war die Sicherungsverwahrung anzuordnen, um auf diese Weise einen wirksamen Schutz der Allgemeinheit zu gewährleisten. (III, 21. Juli 1938.)

Amtl. Sammlg. S. 295—296.

Vgl. Bd. 68 S. 149, 271, 385.

101. Unzüchtige Handlung. Medizinalperson. Beleidigung. (StGB. §§ 174, 185.) Der Hausdiener eines Krankenhauses wurde dazu abgerichtet, männliche Kranke zur Operation vorzubereiten, insbesondere die zu operierende Stelle zu waschen und zu rasieren, die Kranken in den Operationssaal hinzuführen und dort auf den Operationstisch zu legen. Er nahm an zwei Frauen, die ihn für einen Arzt hielten, unzüchtige Handlungen vor. Das Landgericht verurteilte ihn wegen Beleidigung auf Grund der Feststellung, daß er keine Medizinalperson gewesen sei. Das Reichsgericht entschied, daß damit der Begriff zu eng gefaßt war. Als Medizinalperson sind Personen anzusehen, die für den Beruf im Krankenheil- oder Krankenpflegedienst ausgebildet sind, eine gewisse Selbständigkeit in der Berufsausübung haben und sich in einer Stellung befinden, die sie in ein Überordnungsverhältnis zu den in die Anstalt aufgenommenen Personen bringt. An die Vorbildung dürfen keine allzu großen Anforderungen gestellt werden; insbesondere ist nicht notwendig, daß ein gewisser Ausbildungsgang durchgemacht und eine Prüfung abgelegt worden ist. Es genügt, daß der Täter angeleitet ist, Heil- und Pflegehandlungen selbständig auszuüben. Die Tätigkeit des Angeklagten konnte auch nicht als ganz untergeordnet oder als von der Heilung und Pflege der Kranken abgesondert angesehen werden. Das Herrichten der Kranken für die Operation war ein Teil der operativen Behandlung und damit ein Teil ihrer Heilbehandlung. Das Auskleiden erforderte, besonders wenn es sich um Schwerkranke oder durch ihr Leiden behinderte Personen handelte, Sachkunde und Erfahrung im Umgang mit Kranken, ebenso das Auflegen auf den Fahrstuhl und den Operationstisch. Der Angeklagte hatte dafür auch mindestens insofern selbständige Anordnungen zu treffen, als er den Kranken zu sagen hatte, welche Bewegungen sie machen sollten, um seine Tätigkeit zu unterstützen und seine Aufgaben zu erleichtern. Daß dem Angeklagten die Behandlung weiblicher Kranken untersagt war, er also die unzüchtigen Handlungen nicht im Rahmen seiner Berufsaufgaben ausübte, machte nichts aus; zum Tatbestand des § 174 Nr. 3 StGB. gehört nicht, daß der Täter gerade zur Behandlung und Pflege des Kranken berufen ist, mit dem er die unzüchtige Handlung vornimmt. Der Angeklagte hatte sich damit verteidigt, daß er die Frauen weder an den Brüsten noch am Geschlechtsteil berührt, sondern nur am After ihre Körperwärme gemessen habe. Auch hierin konnte eine unzüchtige Handlung zu finden sein, wenn der Angeklagte sich auf diese Weise geschlechtliche Erregung oder Befriedigung verschaffen wollte. Wenn es ihm nur um einen derben Scherz mit den Frauen zu tun war, konnte damit der Tatbestand der Beleidigung erfüllt sein. Da ein Strafantrag wegen Beleidigung nicht vorlag, hätte in diesem Falle nicht auf Freisprechung erkannt, sondern das Verfahren eingestellt werden sollen; das hätte den Frauen ermöglicht, bei nachträglicher Kenntniserlangung von dem wirklichen Sachverhalt Strafantrag zu stellen. (I, 26. Juli 1938.)

Amtl. Sammlg. S. 296—300.
Vgl. Bd. 70 S. 297; JW. 1937 S. 2901.

102. Vorläufige Festnahme. Notwehr. Irrtum. (StGB. §§ 51, 53, 224; StPO. § 127.) Ein betrunkener Mann schlug, als ihm der Eintritt in eine Wirtschaft verwehrt wurde, eine Fensterscheibe der Türe ein. Der Wirt nahm ihn daraufhin fest. Ein Begleiter, der sich durch seinen Paß auswies, nannte dem Wirt den Namen und die Wohnung des Festgenommenen; dieser erklärte aber, ihn festhalten zu wollen, bis die Polizei einträfe. Daraufhin suchte sich der Festgenommene gewaltsam zu befreien und schlug den Wirt so heftig ins Gesicht, daß dieser ein Auge verlor. Gegenüber der Anklage wegen schwerer Körperverletzung berief sich der Angeklagte auf Notwehr. Er hatte keinen Erfolg. Die Annahme des Landgerichts, die Persönlichkeit des Angeklagten habe nicht sofort festgestellt werden können, war nicht zu beanstanden. Der Wirt handelte also rechtmäßig, als er den Angeklagten festhielt. Von Notwehr konnte hienach keine Rede sein. Es konnte allerdings vermeintliche Notwehr vorliegen, wenn der Täter sich darüber irrte, daß die tatsächlichen Merkmale der Notwehr nicht gegeben waren. Der Angeklagte hatte aber nur die ihm bekannten Tatsachen unrichtig beurteilt; dieser Rechtsirrtum lag auf strafrechtlichem Gebiet und war darum unbeachtlich. (III, 28. Juli 1938.)

Amtl. Sammlg. S. 300—302.

Vgl. Bd. 55 S. 162; Bd. 67 S. 337.

103. Wertmutwein. Konkursvergehen. Erdichtete Forderung. (WeinG. §§ 5, 6, 10, 13, 16, 26.) Der Geschäftsführer einer Weinhandlung verkaufte Obstwein, dem Wermutwein zugesetzt worden war, als Wermutwein. Zur Zeit der Tat galt die Verordnung über Wermutwein vom 20. März 1936 noch nicht; es lag darin aber ein Verstoß gegen den § 26 Nr. 3 in Verbindung mit § 10 und ein Verstoß gegen § 26 Nr. 1 in Verbindung mit § 16 WeinG. Soweit der Angeklagte später dem Obstwein Wertmutwein zusetzte, verging er sich gegen § 26 Nr. 1 in Verbindung mit § 10 WeinG. Nach § 13 WeinG. durfte das so hergestellte Erzeugnis nicht in den Verkehr gebracht werden; soweit das geschah, verstieß es gegen § 26 Nr. 1 WeinG. Die beiden letztgenannten Vergehen standen untereinander im Verhältnis der Tateinheit; sie gingen aber auf in dem Vergehen gegen den § 26 Nr. 1 in Verbindung mit dem § 13 WeinG. als der höheren Entwicklungsstufe. Mit dem Vergehen gegen die § 26 Nr. 3 in Verbindung mit dem § 10 stand das Vergehen gegen den § 26 Nr. 1 in Verbindung mit dem § 13 WeinG. in Tateinheit. — Die Weinhandlung, eine GmbH., geriet in Konkurs. Der Geschäftsführer verrechnete der Konkursmasse gegenüber Reiseaufwendungen, die er schon früher ersetzt erhalten hatte. Das war das Geltendmachen einer erdichteten Forderung; daß die Forderung nicht erfüllt wurde, war für die Strafbarkeit der Tat belanglos. Ob Tateinheit mit einem Vergehen des Betrugs oder Betrugsversuchs gegeben war, ließ das Reichsgericht dahingestellt, da nicht anzunehmen war, daß bei Berücksichtigung dieses rechtlichen Gesichtspunkts die Strafe höher ausgefallen wäre. Der Angeklagte war endlich auch wegen mangelhafter Buchführung verurteilt worden. Mit Recht hatte das Landgericht diese Tat selbständig behandelt. Konkursverbrechen und -vergehen, die sich auf dieselbe Konkurseröffnung beziehen, sind nur dann als eine rechtliche Einheit zu betrachten, wenn der Schuldner sie als solcher begangen hat; bei der Aufstellung der erdichteten Forderung handelte der Angeklagte aber nicht als Vertreter des Gemeinschuldners, sondern als Privatmann. Tateinheit war nicht gegeben, weil sich die tatbestandsmäßigen Handlungen der beiden Straftaten in keinem Punkte deckten; Fortsetzungszusammenhang war schon deshalb ausgeschlossen, weil es sich um Verstöße gegen verschiedene Strafvorschriften handelte. (III, 28. Juli 1938.)

Amtl. Sammlg. S. 302—307.

Vgl. Bd. 66 S. 268; Bd. 72 S. 276.

104. Jagdschutz. Waffengebrauch. Irrtum. (JagdG. § 39; WaffGebrG. vom 26. Febr. 1935 § 1; DurchfVO. vom 7. März 1935 § 4; StGB. § 59; StPO. § 127.) Ein geprüfter Revierjäger war von einem Gutsbesitzer mit dem Jagdschutz auf dessen Gut betraut. Gelegentlich einer nächtlichen Streife bemerkte er einen Mann, der sich auf einem Kartoffelfeld zu schaffen machte. Er rief ihn an und drohte ihm, zu schießen; als der Mann sich entfernte, schoß er auf ihn und traf ihn so schwer, daß er auf dem Wege ins Krankenhaus starb. Er wurde wegen Körperverletzung mit Todesfolge verurteilt. Das Reichsgericht verwies die Sache zurück. Der Getötete hatte auf dem Felde einen Diebstahl begangen. Da der Angeklagte ihn auf frischer Tat betraf, hatte er das Recht, ihn festzunehmen. Daraus ergab sich für ihn aber noch kein Recht, auf den Mann zu schießen, wenn er sich der Festnahme durch die Flucht zu entziehen suchte. Unrichtig war weiter die Auffassung des Schwurgerichts, daß das Waffengebrauchsgesetz auf das Tun des Angeklagten auch dann anwendbar sei, wenn er nur im Feldschutz tätig wurde. Das Gesetz sagt ausdrücklich, daß die im Forst- und Jagdschutz verwandten Beamten und Angestellten, die als Forst- und Jagdschutzberechtigte amtlich bestätigt sind, während der Ausübung ihres Dienstes befugt seien, unter gewissen

Voraussetzungen von der Waffe Gebrauch zu machen. Zum Jagdschutz gehört der Feldschutz nicht; im Ergebnis konnten aber die Vorschriften des Waffengebrauchsgesetzes dem Angeklagten zugute kommen. Ein Jagdschutzberechtigter, der sich nachts mit seiner Waffe auf die Feldmark seines Dienstbezirks begibt, wird in der Regel zugleich Jagdschutz üben wollen und sich darauf einrichten; es war auch im Urteil nicht einwandfrei dargetan, daß der Angeklagte wirklich nur daran dachte, einen Kartoffeldieb vor sich zu haben. Wenn er gleichzeitig mit der, wenn auch vielleicht entfernten, Möglichkeit rechnete, es könne sich um einen Jagdfrevler handeln, gab er den Schuß als Jagdschutzberechtigter ab. Aber auch wenn der Angeklagte den Mann für einen Kartoffeldieb hielt, war das Waffengebrauchsgesetz zu seinen Gunsten anzuwenden, sofern er glaubte, seine Tätigkeit im Feldschutz falle unter die Dienstobliegenheiten, in deren Rahmen ihm das erweiterte Waffengebrauchsrecht zustehe. Dieser Irrtum bezog sich auf einen außerstrafrechtlichen Rechtsbegriff und kam darum dem Angeklagten zugute; falls der Irrtum selbst wieder auf Fahrlässigkeit beruhte, konnte der Angeklagte wegen fahrlässigen Handelns bestraft werden. Das Landgericht hatte eine Überschreitung der Befugnis des Angeklagten in zweifacher Hinsicht für erwiesen angenommen: einmal habe er übereilt geschossen, hätte insbesondere zuvor einen Warnungsschuß abgeben müssen; sodann seien die Voraussetzungen für den Waffengebrauch schon deshalb nicht erfüllt gewesen, weil der Verletzte sich offenbar nur einer geringfügigen Zuwiderhandlung schuldig gemacht habe. Das Reichsgericht erklärte, daß die erste Erwägung fehlging, die zweite aber nicht ausreichte, um das Urteil zu tragen. Das Gesetz schreibt nur vor, daß dem Schußwaffengebrauch ein den Umständen entsprechender Anruf oder ein Warnungsschuß vorherzugehen hat, wenn das ohne Gefährdung der Festnahme geschehen kann. Es genügte hienach, daß der Angeklagte wiederholt zum Halten aufforderte, ehe er den Schuß abgab. Ob offenbar nur eine geringfügige Zuwiderhandlung vorlag, war nach dem Erscheinungsbild zu beurteilen, das sich für den Angeklagten auf Grund der ihm erkennbaren Umstände nach der äußeren und inneren Tatseite hin bot. Entscheidend war, ob er die Voraussetzung auf Grund seines pflichtmäßigen Ermessens für vorliegend hielt. Ob das Ergebnis seiner Prüfung sachlich falsch war, berührte dann die Rechtmäßigkeit seines Handelns nicht. Es würde dem Sinne der Vorschrift nicht entsprechen, wenn man die Rechtmäßigkeit des Schußwaffengebrauchs auf Grund der nachträglich ermittelten tatsächlichen Lage beurteilen wollte. Wenn der Angeklagte annahm, daß der Verletzte sich nur eines geringfügigen Kartoffeldiebstahls schuldig gemacht hatte, stand einer Bestrafung wegen vorsätzlichen Tuns nichts im Wege. Wenn er zwar in erster Reihe mit einem Kartoffeldiebstahl gerechnet, in zweiter Reihe aber die Möglichkeit eines Jagdvergehens nicht für ausgeschlossen gehalten hatte, war die Geringfügigkeit der Zuwiderhandlung für ihn nicht offenbar; eine Bestrafung war dann nur möglich, wenn seine Annahme auf Fahrlässigkeit beruhte. Wenn dem Angeklagten kein Rechtfertigungsgrund zur Seite stand, er vielmehr aus Unmut unter bewußter Überschreitung seiner Befugnisse den Schuß abgab, kam auch bedingt vorsätzliche Tötung in Frage. (IV, 15. Juli 1938.)

Amtl. Sammlg. S. 305—313.

Vgl. Bd. 34 S. 443; Bd. 38 S. 373; Bd. 61 S. 297; Bd. 65 S. 392; Bd. 69 S. 308.

105. Rechtsberatung. Angestellter. Geschäftsmäßigkeit. Sammelstraftat. Fortsetzungszusammenhang. (RBerG. Art. 1 §§ 1, 6, 8.) Unter das Gesetz über Rechtsberatung fällt nicht eine Tätigkeit, die jemand als Angestellter, also in abhängiger Stellung, zu erledigen hat. Hierauf berief sich ein Mann, der in vier Fällen die Buchführung und die Erledigung der Steuerangelegenheiten für andere gegen Entgelt übernommen und hiebei auch Rechtsangelegenheiten seiner Auftraggeber erledigt hatte. Die Sachlage gab aber keinen Anhalt dafür, daß der Angeklagte durch seine Abmachungen die Eigenschaft eines selbständig im freien Beruf stehenden Mannes verloren hatte und zu einem abhängigen Arbeitnehmer geworden war. Auch soweit das zutraf, war zu beachten, daß die Anstellung zu Buchhaltungsarbeiten und zur Erledigung von Steuerpflichten keineswegs auch die Besorgung von Rechtsangelegenheiten des Arbeitgebers umfaßte. Nur bei selbständigen öffentlich bestellten Wirtschaftsprüfern und vereidigten Bücherrevisoren erkennt das Rechtsberatungsgesetz einen so engen Zusammenhang ihrer gewöhnlichen Berufsangelegenheiten mit der sich dabei ergebenden rechtlichen Bearbeitung an, daß ihnen diese ohne besondere Erlaubnis freisteht. Soweit allerdings der Angeklagte infolge seines Angestelltenverhältnisses nur gelegentlich Rechtsberatungen aus Gefälligkeit übernommen hatte, verstieß das nicht gegen das Gesetz, weil es an der Geschäftsmäßigkeit der Handlung fehlte. Das Kennzeichen der Geschäftsmäßigkeit ist, daß der Handelnde beabsichtigt, die Tätigkeit in gleicher Art zu wiederholen und sie dadurch zu einem dauernden oder wenigstens zu einem wiederkehrenden Bestandteil seiner Beschäftigung zu machen. Sie ist ihrem Wesen nach ein Merkmal des inneren Tatbestandes, das (wie die Gewerbsmäßigkeit) auch vorhanden sein kann, wenn im äußeren Tatbestand nur eine Einzelhandlung vorliegt. Etwas Gegenteiliges ergibt sich nicht aus der Bestimmung des Gesetzes, daß zwischen haupt- und nebenberuflicher Tätigkeit nicht unterschieden werden soll. Das bedeutet nicht, daß mangels behördlicher Erlaubnis die Besorgung fremder Rechtsangelegenheiten nur dann verboten und strafbar sein soll, wenn sie mit einer Häufigkeit und in einem Umfang ausgeübt wird, daß von Ausübung eines Berufs, mindestens eines Nebenberufs, gesprochen werden kann. Das Landgericht hatte die vier Einzelhandlungen als eine fortgesetzte Handlung aufgefaßt, da sie auf einen einheitlichen Vorsatz des Angeklagten zurückzuführen seien, anläßlich seiner Buchhalter- und Steuerberatertätigkeit auch die damit zusammenhängende Rechtsberatung durchzuführen. Ein solches Vorhaben ist aber noch kein Gesamtvorsatz, der auf die stoßweise Verwirklichung eines bestimmten Gesamterfolgs gerichtet und deshalb geeignet wäre, mehrere Einzelhandlungen zu einer fortgesetzten Tat zusammenzufassen. Das Reichsgericht hat sich von seiner früheren Rechtsprechung über Sammelstraftaten abgewandt und ausgesprochen, daß, ebenso wie eine Abtreibung auch eine Hehlereihandlung nicht dadurch die Eigenschaft einer selbständigen Handlung verliere, daß sie gewerbsmäßig begangen werde. Wenn das Gesetz von Betreiben einer Rechtsberatung spricht, legt das die Auffassung nahe, daß damit der Betrieb der Rechtsberatung als Einheit verboten werden sollte. Der Zweck des Gesetzes ist aber, nicht bloß die Zahl

der Betriebe einzuschränken und dadurch einen unerwünschten zu starken Wettbewerb der Rechtsberater untereinander und gegenüber den Rechtsanwälten zu verhindern, sondern auch über die Zuverlässigkeit, persönliche Eignung und Sachkunde der Rechtsberater zu wachen und dadurch die Volksgenossen vor den Gefahren zu schützen, die ihnen erwachsen, wenn sie unbewußt ihre Rechtsangelegenheiten unzuverlässigen oder nicht sachkundigen Personen zur Besorgung anvertrauen. Dieser Zweck würde mangelhaft erreicht werden, wenn alle Merkmale eines Betriebs oder einer Betriebsführung vorhanden sein müßten, um die Strafbarkeit zu begründen. (I, 9. August 1938.) Amtl. Sammlg. S. 313—317.
Vgl. Bd. 61 S. 47; Bd. 63 S. 353; Bd. 66 S. 236; Bd. 72 S. 164, 211, 285.

106. Zustellung an die Staatsanwaltschaft. Vorlegung. (StPO. §§ 37, 41.) Gegen das Urteil des Landgerichts hatte der Staatsanwalt Revision eingelegt. Das Urteil wurde mit den Akten der Staatsanwaltschaft am 20. Juni 1938 zugeleitet; dieser Tag wurde von dem Geschäftsstellenleiter dem Urteil aufgestempelt. Dem Oberstaatsanwalt wurde das Urteil am 22. Juni vorgelegt. Die am 29. Juni abgegebene Revisionsbegründung wurde als verspätet behandelt. Das Reichsgericht billigte diese Auffassung. Zustellungen an Behörden haben an deren Vorsteher zu geschehen; Ersatzzustellungen an andere in den Geschäftsräumen anwesende Beamte oder Bedienstete sind zulässig, wenn der Vorsteher nicht angetroffen wird oder (etwa durch andere Tätigkeit) an der Annahme verhindert ist. Die Rechtsprechung hat die Gültigkeit von Verfügungen der Justizverwaltung anerkannt, daß der Behördenvorsteher allgemein als verhindert anzusehen ist; die Zustellung an den Staatsanwalt ist demgemäß bewirkt, wenn die zum Zweck der Urteilszustellung übersandten Akten mit der Urteilsurschrift bei dem Beamten der Geschäftsstelle der Staatsanwaltschaft eingehen. Die Nr. 250 der Richtlinien für das Strafverfahren vom 13. April 1935 ordnet an, daß der Tag der Vorlegung des Urteils von der Geschäftsstelle der Staatsanwaltschaft vermerkt, der Vermerk aber dem Behördenleiter oder seinem Vertreter vorgelegt wird. Die Auffassung, daß die Zustellung erst durch die Unterzeichnung des Vorlegungsvermerks durch den Vorsteher der Behörde bewirkt wird, erklärte das Reichsgericht für unrichtig. (III, 12. September 1938.) Amtl. Sammlg. S. 317—320.

Vgl. Bd. 57 S. 55; Bd. 61 S. 351.

107. Schwere Körperverletzung. Verlorenes Sehvermögen. Nachträgliche Besserung. (StGB. § 224.) Durch einen Schlag auf das Auge wurde dieses so schwer verletzt, daß bei der ärztlichen Untersuchung, die zwei Tage nach dem Vorfall stattfand, eine Herabsetzung der Sehschärfe auf $1/_{50}$ festgestellt wurde. Bis zur Hauptverhandlung, die drei Monate später stattfand, hatte sich der Zustand so gebessert, daß die Sehschärfe $1/_{5}$ betrug. Das Landgericht lehnte eine Bestrafung wegen schwerer Körperverletzung ab. Die Revision des Staatsanwalts hatte keinen Erfolg. Allerdings kann, wenn einmal eine schwere Körperverletzung begangen ist, der Tatbestand dadurch nicht mehr berührt werden, daß später eine Besserung des Zustands eintritt; auch ist die Herabsetzung des Sehvermögens auf $1/_{50}$ dem völligen Verlust gleichzustellen. Eine andere Frage ist es aber, wann der Tatbestand der schweren Körperverletzung vollendet wird; daß das Sehvermögen zu irgendeinem Zeitpunkt fehlt, reicht nicht aus, um es als verloren anzusehen. In Übereinstimmung mit der ständigen Rechtsprechung des Reichsgerichts zu dem Begriff des Verfallens in Siechtum, Lähmung oder Geisteskrankheit ist auch für den Verlust des Sehvermögens als maßgebend zu erachten, daß der Krankheitszustand ein dauernder sein muß, daß er also längere Zeit hindurch besteht und daß die Heilung sich entweder überhaupt nicht oder doch nicht der Zeit nach bestimmen läßt. Das konnte hier nicht gesagt werden, da ein Zeitraum von drei Monaten genügte, um dem Verletzten das Sehvermögen zum großen Teil wieder zu geben. (I, 2. September 1938.)

Amtl. Sammlg. S. 321—322.

Vgl. Bd. 44 S. 59.

108. Aufkaufen von Edelsteinen. (RG. über den Verkehr mit Edelmetallen u. dgl. §§ 1—3.) Edelsteinhändler, die Edelsteine auf der Straße und in Wirtschaften, besonders aber in den Schleifereien, sowohl von selbständigen Schleifern als auch von Arbeitern aufgekauft hatten, wurden wegen Vergehen gegen das Gesetz über den Verkehr mit Edelmetallen, Edelsteinen und Perlen verurteilt. Das

Reichsgericht entschied, daß die Verurteilung insofern unbegründet sei, als der Ankauf bei selbständigen Schleifern in deren Werkstätte erfolgt war. Hier einen Unterschied zu machen, ob der Ankauf in der Werkstätte oder im Geschäftsraum vorgenommen wird, wäre erkünstelt und nicht den Verhältnissen des täglichen Lebens gerecht, ganz abgesehen davon, daß eine solche Unterscheidung bei kleineren Betrieben oft überhaupt unmöglich sein wird. (III, 8. September 1938.) Amtl. Sammlg. S. 322—324.

109. Verwandtschaft. Uneheliches Kind. Betrug. (StGB. § 263; BGB. § 1589.) Für ein uneheliches Kind wurde Klage auf Leistung des Unterhalts erhoben. Der Beklagte bestritt wahrheitswidrig, mit der Mutter des Kindes innerhalb der Empfängniszeit geschlechtlich verkehrt zu haben, und bekräftigte diese Aussage mit einem Eid. Er wurde wegen Meineid in Tateinheit mit Betrug verurteilt. Das Reichsgericht verwies die Sache zurück. Gegen die Verurteilung wegen Meineid bestand kein Bedenken, wohl aber gegen die Verurteilung wegen Betrug. War der Angeklagte Erzeuger des Kindes, so war er mit diesem in gerader Linie verwandt; seine Verfolgung wegen Betrug setzte also einen Strafantrag des gesetzlichen Vertreter des Kindes voraus. Die Vorschriften des bürgerlichen Rechts sind für das Strafrecht nicht maßgebend. Das Schwurgericht hatte angenommen, daß eine solche Verwandtschaft des Angeklagten mit dem Kinde nicht berücksichtigt werden könne, weil zur Zeit der Tat die Tatsache seiner Vaterschaft noch nicht festgestellt gewesen sei. Abgesehen davon aber, daß in dem nur auf Leistung des Unterhalts gerichteten Rechtsstreit die Vaterschaft des Angeklagten in verwandtschaftlichem Sinne überhaupt nicht festgestellt werden konnte, kam es für die Entscheidung der Frage, ob ein Strafantrag erforderlich war, nur darauf an, ob das verwandtschaftliche Verhältnis zur Zeit der Tat bestand, nicht aber darauf, ob es bereits festgestellt war. Die Frage, ob der Angeklagte Vater des Kindes war, hatte der Tatrichter in freier Beweiswürdigung zu entscheiden. (III, 12. September 1938.)

Amtl. Sammlg. S. 324—325.

Vgl. Bd. 41 S. 113, 501; Bd. 56 S. 427; Bd. 60 S. 247.

110. Gefährlicher Gewohnheitsverbrecher. Strafmilderung. (StGB. §§ 20 a, 44, 51.) Das Landgericht hatte den Angeklagten als gefährlichen Gewohnheitsverbrecher behandelt, wegen eines Betrugsversuchs aber nur auf eine Gefängnisstrafe erkannt. Das erklärte das Reichsgericht für unrichtig; es hätte als Mindeststrafe ein Jahr Zuchthaus verhängt werden müssen. Eine andere Frage war es aber, ob nicht wegen verminderter Zurechnungsfähigkeit eine mildere Strafe hätte verhängt werden können. Diese Frage wurde vom Reichsgericht bejaht. Für die in das Ermessen des Tatrichters gestellte Strafmilderung bei Verfehlungen von vermindert zurechnungsfähigen Personen bildet die besondere geistige Beschaffenheit des Täters, nicht die Eigenart der Tat selbst den Grund für die Ermäßigung der Strafe. Das gleiche gilt für jugendliche Gewohnheitsverbrecher. (III, 19. September 1938.)

Amtl. Sammlg. S. 326.
Vgl. Bd. 71 S. 15.

111. Anstiftung zur Unterschlagung und Hehlerei. Anvertraute Sache. Persönliches Verhältnis. Entsprechende Anwendung. (StGB. §§ 2, 48, 50, 246, 259.) Z. war Ausgeher einer Fabrik und hatte regelmäßig das zu Lohnzahlungen nötige Geld bei der Bank abzuholen. A. vereinbarte mit ihm, daß sie einen Raubüberfall vortäuschen und sich auf diese Weise das Geld aneignen wollten. Sie trafen sich in einer Wirtschaft. A. schüttete, der Verabredung gemäß, dem Z. heimlich ein Betäubungsmittel in das Getränk; obwohl Z. hiemit rechnete, trank er sein Glas aus. Er verlor alsbald das Bewußtsein. A. nahm die Tasche, in der sich das Geld befand, an sich und verließ die Wirtschaft. Das Landgericht verurteilte beide wegen gemeinschaftlich verübter Unterschlagung. Das Reichsgericht verwies die Sache zurück. Da A. an dem Geld nicht selbst Gewahrsam hatte, konnte er weder Täter noch Mittäter einer Unterschlagung sein; wohl aber konnte Anstiftung in Frage kommen, außerdem auch Hehlerei, indem er das von Z. zuvor unterschlagene Geld mit dessen Einverständnis an sich brachte. Zwischen beiden Straftaten bestand Tatenmehrheit, da hier im Verhältnis zur Anstiftung nicht die besonderen Voraussetzungen vorlagen, unter denen die Unterschlagung im Tatbestand der Hehlerei aufgeht. Die Straferschwerung, die für Unterschlagung anvertrauten Gutes vorgesehen ist, konnte auf A. keine Anwendung finden, weil das Geld nur dem Z. anvertraut war; hier liegt ein besonderer Tatumstand vor, der einem Teilnehmer, bei dem er nicht gegeben ist, nicht zugerechnet werden kann. Auch auf dem Wege entsprechender Anwendung der gesetzlichen Vorschrift konnte man nicht zu diesem Ergebnis kommen; es lag auch kein entfernt ähnliches Verhältnis zu dem Geld und dessen Eigentümer vor, wie es für das Merkmal des Anvertrauens gegeben sein muß. (II, 22. September 1938.)

Amtl. Sammlg. S. 326—329.

Vgl. Bd. 51 S. 97; Bd. 56 S. 335; Bd. 58 S. 230; Bd. 64 S. 326; Bd. 67 S. 70; Bd. 68 S. 330; JW. 1934 S. 2691.

112. Bekenntniskirche. Kollekte. Widerstand gegen die Staatsgewalt. Kanzelmißbrauch. Irrtum. (StGB. §§ 59, 110, 130 a; SammlG. § 15; RG. zur Sicherung der deutschen evangel. Kirche vom 14. Juli 1933; 5. Durchf.-VO. vom 2. Dez. 1935; RG. über das Beschlußverfahren in Rechtsangelegenheiten der deutschen evangel. Kirche 26. Juli 1935.) Ein Pfarrer in Preußen kündigte im Herbst 1937 wiederholt eine Kollekte an, die vom Provinzialbruderrat der bekennenden Kirche angeordnet worden war, führte die Sammlungen durch und leitete die Erträge dem Bruderrat zu. Bei einem Gottesdienst verlas er eine Liste von Mitgliedern der Kirche, die verhaftet worden waren, und sprach ein Gebet für sie. Er wurde wegen Vergehens gegen das Sammlungsgesetz und Kanzelmißbrauch verurteilt. Auf seine Revision wurde das Verfahren auf Grund des Straffreiheitgesetzes vom 30. April 1938 eingestellt. Er beantragte Fortsetzung des Verfahrens und verlangte Freisprechung. Das Reichsgericht gab dem Verlangen nicht statt. Die bekennende Kirche bildete eine Gruppe innerhalb der deutschen evangelischen Kirche. Durch das Gesetz zur Sicherung der deutschen evangelischen Kirche sollte dem Kampfe der kirchlichen Gruppen untereinander und gegeneinander ein Ende gemacht werden, da davon auch eine allgemeine Beeinträchtigung der öffentlichen Ordnung und eine Schädigung der Volksgemeinschaft drohte. Für den Staat hatte dabei die Kirche nur in ihrer äußeren Form Bedeutung. Sie ist als Körperschaft des öffentlichen Rechts den Gesetzen des Staates unterworfen, in dem sich ihr Leben abspielt. Die staatliche Regelung richtet sich nicht gegen die Freiheit der Religionsausübung; diese ist aber immer dahin beschränkt, daß sie nicht gegen die allgemeinen Staatsgesetze verstoßen darf. Auch das Recht der Kirche endet — bei aller Duldsamkeit — dort, wo es sich hiemit in Widerspruch setzt. Die Gültigkeit der zu diesem Zweck erlassenen Gesetze und Verordnungen kann nicht mit der Begründung in Zweifel gezogen werden, daß bisherige Rechte der Kirche durch sie betroffen werden. Durch die 5. Durchführungsverordnung zum Gesetz zur Sicherung der deutschen evangelischen Kirche sind die von der bekennenden Kirche gebildeten Organe, insbesondere die Bruderräte, nicht verboten und nicht aufgelöst worden; ihnen sind aber alle kirchenregimentlichen und kirchenbehördlichen Handlungen untersagt worden. Das ist überdies durch die Beschlußstelle, die durch das Gesetz über das Beschlußverfahren in Rechtsangelegenheiten der evangelischen Kirche geschaffen worden ist, ausdrücklich ausgesprochen worden; ihre Beschlüsse sind allgemein verbindlich. An dieser Rechtslage hat sich auch dadurch nichts geändert, daß die von staatlicher Seite gebildeten Kirchenausschüsse, denen die Wahrnehmung der kirchenregimentlichen Befugnisse übertragen war, ihr Amt niederlegten. Mit der Einsetzung dieser Ausschüsse waren anderen Inhabern des Kirchenregiments ihre Befugnisse entzogen worden; die Niederlegung des Amts durch die Ausschüsse konnte den Rechtsbestand der Verordnungen nicht beeinflussen. Damit waren alle Kollekten rechtswirksam verboten, die von irgendwelchen Stellen der bekennenden Kirche als kirchliche Gruppe angeordnet oder durchgeführt wurden. Die Strafbarkeit solcher Kollekten ergab sich aus dem Sammlungsgesetz; daß dieses Gesetz vor allem bezweckt, die Gefahr einer übermäßigen Beanspruchung der Volksgenossen durch Sammlungen zu beseitigen, ist unerheblich. Der Angeklagte hatte die Umstände gekannt, an die das Gesetz die Strafdrohung gegen nichtgenehmigte Sammlungen knüpft; er hatte den Tatbestand auf die Gefahr hin verwirklicht, daß sein Tun möglicherweise gegen die Rechtsordnung verstoße. Ein außerstrafrechtlicher Irrtum war also nicht gegeben. Auch wenn die 5. DurchführungsVO. als eine außerhalb des Strafrechts stehende Vorschrift angesehen wurde, traf den Angeklagten doch die strafrechtliche Verantwortlichkeit deswegen, weil er nachweislich das Dasein und die Tragweite dieser Verordnung gekannt hatte. Daß die gerichtlichen Entscheidungen über diese Verordnung auseinandergingen, war rechtlich belanglos. Verfehlt war auch das Vorbringen des Angeklagten, daß er durch das von ihm geforderte Unterlassen gegen seine höheren Pflichten als Geistlicher verstoßen hätte. Das begründete für ihn keinen gesetzlichen Notstand; wer auf Grund seiner Überzeugung gegen die staatliche Rechtsordnung verstößt, ist deswegen strafrechtlich nicht schuldlos. Die Mitteilung der Liste von verhafteten Mitgliedern der Kirche während des Gottesdienstes stellte daneben ein selbständiges Vergehen des Kanzelmißbrauchs dar. Nicht geprüft hatte das Landgericht, ob in dem Verhalten des Angeklagten nicht ein Widerstand gegen die Staatsgewalt zu erblicken war. Die Verlesung der Liste der Verhafteten sollte erkennbar einen Widerspruch gegen die Maßnahmen des Staates ausdrücken; in diesem Zusammenhang konnte in der anschließenden Aufforderung zur Sammlung eines Notopfers für sie zugleich die Aufforderung liegen, dem staatlichen Verbote der Kollekten der Bruderräte schlechthin und überhaupt Ungehorsam zu leisten. (II, 22. Sept. 1938.) Amtl. Sammlg. S. 329—339.

Vgl. Bd. 24 S. 189; Bd. 50 S. 146; Bd. 56 S. 337; Bd. 57 S. 15; Bd. 65 S. 260; Bd. 69 S. 341.

113. Gegenstand der Urteilsfindung. Wahlweise Feststellung. (StGB. §§ 2b, 73, 154, 158; StPO. § 264.) In dem Rechtsstreit eines unehelichen Kindes auf Unterhalt bekundete ein Zeuge auf Eid, er habe mit der Kindsmutter nicht geschlechtlich verkehrt. Nachdem er den Sitzungssaal verlassen hatte, kehrte er nochmals zurück und erklärte, er wolle seine Aussage berichtigen. Er wurde neuerdings vernommen und sagte nunmehr unter Berufung auf den schon geleisteten Eid aus, daß er einmal mit der Kindsmutter Verkehr gehabt habe; das sei ihm erst nachträglich eingefallen. Einige Wochen später erschien er wieder bei Gericht und erklärte, seine erste Aussage sei richtig gewesen. Es wurde ein Verfahren wegen Meineid gegen ihn eröffnet. Das Schwurgericht hielt es aus tatsächlichen Gründen nicht für nachweisbar, ob der Angeklagte mit der Kindsmutter geschlechtlich verkehrt hatte; es nahm an, daß er sich durch seine Angaben über den Grund, aus dem er die erste Aussage widerrief, des Meineids schuldig gemacht habe. Das Reichsgericht verwies die Sache zurück. Rechtsirrig war die Meinung des Schwurgerichts, über das Verhalten des Angeklagten, soweit es in seiner ersten Aussage hervorgetreten war, deshalb nicht urteilen zu können, weil Anklage nur wegen der zweiten Aussage erhoben worden war. Gegenstand der Urteilsfindung ist der ganze, vom Eröffnungsbeschluß betroffene Vorgang einschließlich aller damit zusammenhängenden und darauf bezüglichen Vorkommnisse und tatsächlichen Umstände, die geeignet sind, das in diesen Bereich fallende Tun des Angeklagten unter irgendeinem rechtlichen Gesichtspunkt als strafbar erscheinen zu lassen, also das gesamte Verhalten des Angeklagten, soweit es mit dem durch den Eröffnungsbeschluß bezeichneten geschichtlichen Vorkommnis nach der Auffassung des Lebens einen einheitlichen Vorgang bildet. Dabei ist nicht entscheidend, ob sich bei der rechtlichen Beurteilung dieses geschichtlichen Vorgangs eine oder mehrere selbständige Handlungen im Sinne des sachlichen Strafrechts statt oder neben der im Eröffnungsbeschluß bezeichneten Straftat ergeben. Den Gegenstand der Urteilsfindung bildete somit im vorliegenden Falle das ganze geschichtliche Geschehen, das mit der Vernehmung des Angeklagten als Zeugen zusammenhing, mithin auch seine erste eidliche Aussage, die offensichtlich auch nach dem Willen des Angeklagten durch die zweite eidliche Aussage bis auf die vorgenommene Änderung inhaltlich aufrechterhalten wurde. Daß in der Anklageschrift nur die zweite Aussage als Eidesverletzung angesehen worden war, machte nichts aus, da die Rechtsansicht der Anklagebehörde das Gericht nicht bindet. Wären beide Aussagen des Angeklagten falsch gewesen, so würden sich die beiden Eidesleistungen als zwei selbständige Taten im strafrechtlichen Sinne darstellen. Sie könnten auch nicht durch Fortsetzungszusammenhang zu einer rechtlichen Einheit verbunden sein, da der Angeklagte bei der ersten Vernehmung nicht den Vorsatz gehabt haben konnte, seine Aussage bei einer späteren eidlichen Vernehmung zu widerrufen. Somit standen nicht lediglich verschiedene Ausführungsarten desselben Verbrechens in Frage; vielmehr handelte es sich um jeweils ganz verschiedene Tatsachen, in denen die eine und die andere

Straftat zu finden war. Von den beiden Tatbeständen schloß der eine den anderen aus; daher konnte der Angeklagte hinsichtlich seiner Bekundungen über den Geschlechtsverkehr wegen seiner in diesem Punkte widersprechenden Aussagen nur dann wegen Meineid bestraft werden, wenn insoweit eine wahlweise Tatsachenfeststellung zulässig war. Der Wortlaut des § 2b StGB. scheint das nicht zulassen zu wollen, da hienach die Wahlfeststellung nur dann zulässig ist, wenn jemand gegen eines von mehreren Strafgesetzen verstoßen hat, während im vorliegenden Falle nur eine Zuwiderhandlung gegen § 154 StGB. in Betracht kam. Aber eine so enge Auslegung würde dem erkennbaren Sinne des Gesetzes nicht gerecht. Wie eine wahlweise Feststellung zulässig wäre, wenn der Täter zunächst einen Eid geleistet und in demselben oder einem anderen Verfahren eine eidesstattliche Versicherung entgegengesetzten Inhalts abgegeben hätte, so muß das erst recht gelten, wenn er seine miteinander unvereinbaren Aussagen beidemale mit einem Eid bekräftigt hat. Eine Verletzung mehrerer Strafgesetze ist auch dann gegeben, wenn eine Handlung dasselbe Strafgesetz mehrfach verletzt. Somit war eine wahlweise Feststellung dahin zulässig, daß der Angeklagte in der ersten oder in der zweiten Vernehmung unter Eid falsche Angaben über seinen Verkehr mit der Kindsmutter gemacht habe. War seine erste Aussage falsch, so stand diese Tat in Tatmehrheit zu dem vom Schwurgericht festgestellten Meineid, den er durch die unrichtigen eidlichen Aussagen über den Grund seines Widerrufs begangen hatte. War dagegen die erste Aussage richtig, so stellte sich die zweite Aussage als ein Meineid dar, der in zwei Punkten gegen die Wahrheit verstieß. In allen Fällen kam dem Angeklagten die Strafermäßigung des § 158 StGB. zugute, da er beide Aussagen rechtzeitig widerrufen hatte. Ob der Angeklagte wegen zweier Meineide oder wegen eines Meineids zu verurteilen war, hing davon ab, in welchem Falle er die mildeste Strafe verwirkt hatte. Hierüber entscheidet nicht die allgemeine Strafandrohung; es ist vielmehr abzuwägen, auf welche Strafe zu erkennen wäre, wenn ihm zweifesfrei die eine oder die andere Handlung nachgewiesen wäre. Das Gesetz, auf Grund dessen sich die mildere Strafe ergibt, ist in der Urteilsformel als verletzt zu bezeichnen. Wenn

das Gesetz ermittelt ist, das die mildeste Strafe nach sich zieht, darf in keiner Weise auf die andere, zur Wahl stehende Straftat zurückgegriffen werden; andernfalls ergäbe sich ein unlösbarer Widerspruch zwischen der Urteilsformel und den Strafzumessungsgründen, die sich auf eine andere als die im Urteilsspruch festgestellte Straftat beziehen müßten. Falls der Angeklagte bei seiner ersten und bei seiner zweiten Vernehmung falsche Angaben gemacht und somit zwei Meineide geleistet hatte, konnte noch unter Umständen eine Gesamtstrafe festgesetzt werden, die milder war als die Einzelstrafe für den Fall, daß der Angeklagte nur hinsichtlich der zweiten Aussage eines Meineids schuldig war; möglicherweise war dem Angeklagten ein geringerer Vorwurf zu machen, wenn er zunächst aus Mitleid mit der Kindsmutter eine falsche Aussage gemacht und diese dann aus Gewissensnot, wenn auch mit falscher Angabe über den Grund nachträglich berichtigt hatte, als wenn er zunächst wahrheitsgemäß ausgesagt, dann aber wahrheitswidrig erklärt hätte, mit der Kindsmutter geschlechtlich verkehrt zu haben. (II, 22. September 1938.) Amtl. Sammlg. S. 339—344.
Vgl. Bd. 2 S. 255; Bd. 21 S. 78; Bd. 27 S. 19; Bd 44 S. 28; Bd. 51 S. 127, 371; Bd. 56 S. 324; Bd. 61 S. 225, 236, 314; Bd. 62 S. 83, 112, 130; Bd. 66 S. 21; Bd. 69 S. 369; Bd. 70 S. 26, 281, 334, 396; Bd. 71 S. 64, 361.

114. Rassenschande. Strafzumessung. (BlutSchG. §§ 1, 5.) Zwischen dem Fall, daß ein Jude mit einer Deutschblütigen Geschlechtsverkehr gehabt hat, und dem Fall, daß ein solcher Verkehr zwischen einem deutschblütigen Manne und einer Jüdin stattgefunden hat, ist hinsichtlich der Strafbemessung kein grundsätzlicher Unterschied zu machen. Ein aus einem solchen Verkehr hervorgehendes Kind ist in beiden Fällen ein Mischling. (I, 30. September 1938.) Amtl. Sammlg. S. 345.

115. Siechtum. Verlust der Arbeitsfähigkeit. (StGB. § 224.) Das Landgericht hatte festgestellt, daß der Verletzte an einer schweren Sprachstörung litt und zur Zeit der Verhandlung völlig arbeitsunfähig war, möglicherweise sich von den erlittenen Verletzungen nie mehr ganz erholen werde; die Annahme, daß er in Siechtum verfallen sei, hatte es mit der Begründung abgelehnt, daß die strafwürdig, als wenn er sein Opfer zur Duldung verführt hätte. Die Strafvorschrift über Verführung ist also entsprechend anzuwenden. (III, 6. Oktober 1938.)

Amtl. Sammlg. S. 352—353.
Vgl. Bd. 72 S. 50.

119. Zurücknahme des Strafantrags. Unterbringung. Verurteilung. (StGB. §§ 42 b, 51, 64, 176, 183, 185.) Gegenüber Kindern wurde öffentlich eine unzüchtige Handlung vorgenommen. Der Vater eines der Kinder stellte Strafantrag wegen Beleidigung. Das Landgericht erachtete nur den Tatbestand der Beleidigung für erfüllt, da das Merkmal der Öffentlichkeit nicht nachweisbar sei; es hielt die Möglichkeit für gegeben, daß der Angeklagte zur Zeit der Tat unzurechnungsfähig gewesen sei und ordnete seine Unterbringung in einer Heil- oder Pflegeanstalt an. Nachdem das Urteil ergangen war, wurde der Strafantrag zurückgenommen. Das war ohne Bedeutung. Nach dem Wortlaut des Gesetzes ist allerdings die Zurücknahme des Strafantrags bis zur Verkündung eines auf Strafe lautenden Urteils zulässig; Urteile, die Unterbringung in einer Heil- oder Pflegeanstalt anordnen, sind aber solchen gleichzustellen, die auf Strafe lauten. Der Vorschrift des § 64 StGB. liegt der gesetzgeberische Gedanke zugrunde, daß es mit der Würde des Gerichts nicht vereinbar sei, wenn der Antragsteller das gerichtliche Urteil nachträglich durch Zurücknahme des Antrags zu Fall bringen könne; dieser Gedanke trifft in beiden Fällen zu. Die bloße Möglichkeit, daß der Angeklagte für seine Tat strafrechtlich nicht verantwortlich zu machen sei, genügte wohl, um ihn freizusprechen, aber nicht, um die Unterbringung über ihn zu verhängen; hiefür wäre eine zuverlässige Feststellung nötig gewesen, daß die Zurechnungsfähigkeit des Angeklagten zur Zeit der Tat aufgehoben oder mindestens vermindert gewesen sei. Die Frage der Zurechnungsfähigkeit bedurfte also neuer Prüfung. Ergab sich, daß der Angeklagte auf jeden Fall vermindert zurechnungsfähig, vielleicht ganz zurechnungsunfähig war, so konnte er zwar nicht bestraft werden; dagegen lag in diesem Falle kein Bedenken gegen seine Unterbringung in einer Heil- oder Pflegeanstalt vor, wenn die öffentliche Sicherheit sie erforderte. Das Reichsgericht wies auch noch darauf hin, daß in dem Verhalten des

Angeklagten auch vollendete oder versuchte Verbrechen gegen § 176 Nr. 3 StGB. (Verleitung von Personen unter 14 Jahren zur Verübung unzüchtiger Handlungen) gefunden werden konnten. (V, 28. Juli 1938.)

Amtl. Sammlg. S. 353—355.

Vgl. Bd. 70 S. 128, 316; Bd. 71 S. 265; JW. 1935 S. 524, 2734.

120. Gefährlicher Gewohnheitsverbrecher. Sicherungsverwahrung. (StGB. §§ 20 a, 42 e.) Das Landgericht verurteilte den Angeklagten wegen 10 Verbrechen der Verführung jugendlicher Personen zu einer Zuchthausstrafe von sechs Jahren, prüfte im Anschluß daran, ob der Angeklagte als ein gefährlicher Gewohnheitsverbrecher zu erachten sei, und lehnte die Anordnung der Sicherungsverwahrung ab, weil nach Verbüßung der Zuchthausstrafe weitere Straftaten des Angeklagten nicht zu erwarten seien. Das Reichsgericht erklärte dieses Verfahren für fehlerhaft. Die Strafe durfte nicht bestimmt werden, ehe die Frage, ob der Angeklagte ein gefährlicher Gewohnheitsverbrecher war, klargestellt wurde; von der Beantwortung der Frage hing die Strafhöhe ab. Die Frage war auf den Zeitpunkt der Hauptverhandlung zu stellen; als gefährlicher Gewohnheitsverbrecher war der Angeklagte anzusehen, wenn in diesem Zeitpunkt eine bestimmte Wahrscheinlichkeit dafür bestand, daß er auch in Zukunft durch weitere, aus seinem Hang entspringende Straftaten den Rechtsfrieden erheblich stören würde. Als Umstände, die für die Entscheidung maßgebend sind, kommen in Betracht: Häufigkeit und schnelle Folge der bisherigen Straftaten, Wirkungslosigkeit von Freiheitsstrafen, starke verbrecherische Energie, Einsichtslosigkeit, gemeinschaftswidrige Gesinnung, Art und Schwere der bisherigen Straftaten u. a. Erst für die Frage, ob die Sicherungsverwahrung erforderlich ist, ist von dem Zustand des Verurteilten und den äußeren Umständen auszugehen, wie sie im Zeitpunkt seiner Entlassung aus der Strafhaft bestehen werden. Die Erforderlichkeit ist zu verneinen, wenn begründeter Anlaß zu der Annahme besteht, daß die Eigenschaft des Verurteilten als eines gefährlichen Gewohnheitsverbrechers im Zeitpunkt der Entlassung aus der Strafhaft nicht mehr bestehen oder nicht mehr wirksam sein werde oder daß andere Sicherungsmaßregeln von geringerer Schwere einen ebenso wirksamen Schutz gewähren werden, ob etwa während der Strafverbüßung eine Besserung des Verurteilten zu erwarten oder mit einem Abklingen des verbrecherischen Willens infolge zunehmenden Alters zu rechnen ist. Immerhin ist bei einem gefährlichen Gewohnheitsverbrecher nur dann von der Anordnung der Sicherungsverwahrung abzusehen, wenn mit dem Grade der Wahrscheinlichkeit, der bei einer solchen Beurteilung von Zukunftsmöglichkeiten überhaupt erreichbar ist, erwartet werden kann, daß die obenbezeichneten Umstände einen Schutz der Allgemeinheit durch Sicherungsverwahrung im Zeitpunkt der Entlassung nicht mehr erforderlich machen. (IV, 11. Oktober 1938.)

Amtl. Sammlg. S. 356—359.
Vgl. Bd. 68 S. 249, 385; JW. 1938 S. 1157, 2269.

121. Rassenschande. Beschäftigung. Tatmehrheit. Geldstrafe. (BlutSchG. § 5.) In einem jüdischen Haushalt wurden zwei deutschblütige Mädchen, 11 und 12 Jahre alt, zu Hausarbeiten herangezogen; ein Arbeitsvertrag war nicht abgeschlossen worden. Die Verurteilung wegen Vergehen gegen das Blutschutzgesetz wurde bestätigt. Eine verbotene Beschäftigung in einem jüdischen Haushalt ist immer dann gegeben, wenn eine weibliche deutschblütige Person auf Grund eines Arbeitsverhältnisses in die Hausgemeinschaft aufgenommen wird, unabhängig davon aber auch dann, wenn die weibliche Person mit alltäglichen Hausarbeiten oder anderen mit dem Haushalt in Verbindung stehenden Arbeiten beschäftigt wird. Im zweiten Falle kommt es nicht darauf an, ob die Aufnahme in die Hausgemeinschaft stattgefunden hat, auch nicht darauf, ob die häuslichen Arbeiten entgeltlich oder unentgeltlich, mit oder ohne einen rechtsgültigen Arbeitsvertrag geleistet werden. Eine Deutschblütige soll durch keinerlei Dienstaufgaben gezwungen sein, mit einem jüdischen Manne auf verhältnismäßig engem Raume und von der Außenwelt abgeschlossen zusammen zu sein; sie soll dadurch vor einem Mißbrauch ihres Arbeitsverhältnisses geschützt werden. Da die beiden Mädchen nicht gleichzeitig oder abwechselnd, sondern in getrennten Zeiträumen hintereinander beschäftigt worden waren, war Tatmehrheit gegeben. § 27 b StGB. war nicht anwendbar, da § 5 BlutSchG. ohnehin

die Verhängung von Geldstrafen zuläßt. (I, 11. Oktober 1938.) Amtl. Sammlg. S. 359—361.
Vgl. Bd. 71 S. 356, 397.

122. Lehrling als Beamter. (StGB. § 359.) Bei einem Arbeitsamt war ein junger Mann als Kassenlehrling eingestellt worden. Er hatte Unterstützungsgelder auszuzahlen. Hiebei beging er Unterschlagungen. Mit Recht behandelte das Landgericht ihn als Beamten. Er hatte die Auszahlung und Verrechnung der Gelder unter eigener selbständiger Beantwortung vorzunehmen; die Beamteneigenschaft wurde dadurch nicht beeinflußt, daß er im Innenverhältnis zum Arbeitsamt noch Lehrling war. (I, 14. Oktober 1938.) Amtl. Sammlg. S. 362—363.

123. Steuerflucht. Vorentscheidung. Beweislast. Schuldvermutung. (RFlStVO. von 1931 § 9; RG. vom 18. Mai 1934; RAbgO. § 468.) Bestrafung wegen Steuerflucht tritt nicht ein, wenn der Steuerpflichtige nachweist, daß ihn kein Verschulden trifft. Diese Bestimmung bürdet dem Angeklagten keine Beweislast nach Art des bürgerlichen Rechtsstreits auf, sondern begründet nur eine widerlegbare Schuldvermutung. Die Straffolgen sind schon an das Vorliegen des äußeren Tatbestands geknüpft, sofern nicht das Gericht aus der Verhandlung die Überzeugung gewinnt, daß den Angeklagten kein Verschulden trifft. Der Nachweis der Wiederbegründung eines Wohnsitzes oder gewöhnlichen Aufenthalts im Inland innerhalb der durch das Gesetz vom 18. Mai 1934 auf einen Monat abgekürzten Frist steht der Strafbarkeit nicht mehr entgegen. Der Angeklagte hatte sich zum Nachweis seiner Schuldlosigkeit vor allem darauf berufen, daß zur maßgebenden Zeit sein ganzes Inlandsvermögen beschlagnahmt war. Das Landgericht hatte angenommen, der Angeklagte hätte, wenn er einen ernsten Willen zur Zahlung gehabt hätte, dem Finanzamt nur zu erklären brauchen, es möge die Steuer aus dem Erlös des beschlagnahmten Vermögens entnehmen; das habe er nicht getan, sondern überhaupt bestritten, steuerpflichtig zu sein. Es fehlte aber eine Stellungnahme dazu, ob ein ausreichender Ertrag zu erwarten gewesen wäre, wenn der Angeklagte eine solche Erklärung abgegeben hätte. Die spätere Verwertung des Vermögens erbrachte rund 300 000 *RM*, die Reichsfluchtsteuer betrug aber 844 000 *RM*. Es hätte also geprüft werden sollen, ob den Angeklagten an der Nichtzahlung der den Betrag von 300000 RM übersteigenden Summe ein ursächliches Verschulden traf, und ob der Angeklagte erwarten konnte, daß seine Erklärung irgendwelchen Erfolg haben werde. Der Angeklagte hatte auch Vermögen im Ausland; er hätte auch dieses zur Bezahlung seiner Steuerschuld flüssig machen müssen, soweit er dadurch nicht seine Lebensgrundlage vernichtete. Die Revision des Angeklagten hatte auch gerügt, daß keine Vorentscheidung des Reichsfinanzhofs eingeholt worden war. Hierzu bestand aber keine Veranlassung, da § 468 RAbgO. nur bei Verfahren wegen Steuerhinterziehung oder Steuergefährdung anwendbar ist, nicht aber bei Steuerflucht. Das Vergehen gegen § 9 RFlStG. ist eine Sonderstraftat, zu deren Tatbestand keine Schmälerung der Steuereinnahmen durch steuerunehrliches Verhalten, ferner kein Handeln zum eigenen Vorteil oder zum Vorteil eines anderen gehört. Das Landgericht war also von der Entscheidung der Finanzbehörden unabhängig. (IV, 25. Oktober 1938.) Amtl. Sammlg. S. 363—369.

Vgl. Bd. 69 S. 93; Bd. 70 S. 10; Bd. 71 S. 216; Bd. 72 S. 208; JW. 1935 S. 2058; 1936 S. 1340.

124. Urkundenfälschung. (StGB. § 267.) An einem gestohlenen Kraftwagen wurde die Erkennungsnummer geändert; der Wagen wurde dann im öffentlichen Verkehr benutzt. Damit war der Tatbestand der öffentlichen Urkundenfälschung erfüllt. Das amtliche Kennzeichen, das die Verwaltungsbehörde einem zum Verkehr zugelassenen Kraftwagen zuteilt, ist eine öffentliche Urkunde, wenn es mit dem Stempel der Zulassungsstelle oder einer von ihr beauftragten Behörde versehen und mit dem Kraftwagen, zu dem es gehört, verbunden ist. Von der gefälschten Urkunde war durch die Verwendung des Wagens zu Fahrten im öffentlichen Verkehr Gebrauch gemacht. Dazu gehört, daß die Urkunde in den Machtbereich dessen gebracht wird, gegen den sich die Täuschung richtet, dergestalt, daß er die Möglichkeit hat, von dem Inhalt ohne weiteres Kenntnis zu nehmen. Das Kennzeichen hat nur den Zweck, von der Polizei und den Verkehrsteilnehmern gelesen werden zu können; diese im Rechtsleben zu täuschen, um sich im ungestörten Gebrauch des Wagens zu erhalten, ent-

sprach der Absicht des Angeklagten. (III, 27. Oktober 1938.) Amtl. Sammlg. S. 369—371.
Vgl. Bd. 40 S. 169.

125. Mitgliedsbuch der Deutschen Arbeitsfront. Öffentliche Urkunde. (StGB. § 267; VO. vom 24. Oktober 1934.) Die Mitgliedsbücher der Deutschen Arbeitsfront sind keine öffentlichen Urkunden. Die Arbeitsfront ist keine Körperschaft des öffentlichen Rechts; die Dienststelle, welche die Mitgliedsbücher ausstellt, steht keiner öffentlichen Behörde gleich. (V, 27. Oktober 1939.)
Amtl. Sammlg. S. 371—372.

126. Beihilfe zur Kindstötung. (StGB. §§ 49, 212, 217.) Ein Mädchen brachte in der Wohnung ihrer Mutter unehelich ein Kind zur Welt und tötete es sofort nach der Geburt, indem sie ein Bett darauf legte und es ersticken ließ. Sie wurde wegen Kindstötung verurteilt, ihre Mutter wegen Beihilfe zum Totschlag. Das Reichsgericht hob die Verurteilung der Mutter auf. Wenn der Angeklagten die elterliche Gewalt über ihre minderjährige, unverheiratete Tochter zustand, hatte sie kraft ihres Erziehungsrechts die Pflicht, dem ihr bekannten rechtswidrigen Vorhaben ihrer Tochter, die Entbindung ohne jeden Beistand stattfinden zu lassen, damit das Kind in oder gleich nach der Geburt seinen Tod finde, nachdrücklich entgegenzutreten. Sie mußte sich mindestens zur Leistung des nötigen Beistandes bereithalten. Unterließ sie das wissentlich, weil sie den Tod des Kindes durch das Fehlen jeglichen Beistandes herbeiführen wollte, so konnte sie durch eine solche Unterlassung zu dem von ihrer Tochter begangenen Tötungsverbrechen durch die Tat Beihilfe leisten. Als Haushaltungsvorstand hatte die Mutter auch gegenüber dem Kinde selbst die Rechtspflicht, für dessen Wohl zu sorgen, nachdem es von ihrer Tochter mit ihrem Einverständnis in ihrer Wohnung ohne fremde Hilfe geboren wurde. Auch insoweit konnte ihr pflichtwidriges Unterlassen als Beihilfe zum Tötungsverbrechen beurteilt werden. Zu prüfen war auch, ob die Tochter die Tötung mit Überlegung bei der Tat ausgeführt hatte; dann war die Handlung der Mutter als Beihilfe zum Mord, je nach Lage der Sache als Mittäterschaft anzusehen. (V, 27. Oktober 1938.)
Amtl. Sammlg. S. 373—375.
Vgl. Bd. 2 S. 153; Bd. 26 S. 178; Bd. 37 S. 171;

Bd. 56 S. 25; Bd. 62 S. 196; Bd. 63 S. 101; Bd. 66 S. 71; Bd. 69 S. 321; Bd. 70 S. 257; JW. 1936 S. 1128.

127. Tabaksteuerhinterziehung. Schuldvermutung. Irrtum. (TabStG. §§ 1, 5, 8, 58, 59; StGB. § 59; RAbgO. §§ 395, 396.) Ein Zigarrenfabrikant verschenkte Zigarren an Briefträger, Rollkutscher und andere, im Betrieb verkehrende Personen an Stelle von Trinkgeldern. Das Landgericht sprach ihn von der Anklage der Tabaksteuerhinterziehung frei. Das Reichsgericht verwies die Sache zurück. Von der Steuer sind nur solche Tabakerzeugnisse befreit, die der Hersteller an seine Angestellten und Arbeiter (also an Personen, die zum Betrieb gehören) in herkömmlicher Weise als Teil des Lohnes abgibt. Bei der neuen Prüfung war der innere Tatbestand besonders zu berücksichtigen; zu den Tatumständen, deren Unkenntnis oder irrige Beurteilung straffrei macht, gehören auch die gesetzlichen Bestimmungen, aus denen sich eine Steuerpflicht ergibt. Die Vermutung der Tabaksteuerhinterziehung, die § 58 TabStG. aufstellt, gilt nur dann, wenn erwiesen ist, daß ein Tabakverarbeiter die vorgeschriebenen Anschreibungen nicht oder wissentlich nicht richtig führt; bedingter Vorsatz genügt für die Wissentlichkeit. Das Landgericht hatte diese Vermutung als entkräftet angesehen. Das Reichsgericht bemerkte hiezu, daß die Vermutung nur dann entkräftet wäre, wenn sie voll widerlegt, wenn also erwiesen wäre, daß der Angeklagte keine Tabaksteuerhinterziehung begangen hatte. Für die Vermutung des § 59 TabStG. gilt entsprechend das Gleiche. (V, 3. November 1938.) Amtl. Sammlg. S. 376—377.

Vgl. Bd. 66 S. 302.

128. Schlachtsteuerbescheid. Falsche Beurkundung. (StGB. § 348; ZPO. § 41.) Ein Fleischbeschauer, der mit der Veranlagung der Schlachtsteuer betraut war, gab in einem Schlachtsteuerbescheid ein zu niedriges Gewicht der geschlachteten Tiere an und bemerkte fälschlich, daß sie gewogen worden seien. Die Verurteilung wegen falscher Beurkundung wurde vom Reichsgericht nicht bestätigt. Eine falsche Beurkundung nach § 348 StGB. liegt nur vor, wenn ein Beamter schriftliche Angaben macht, die dazu bestimmt sind, zu öffentlichem Glauben ein für und gegen jedermann voll beweisendes Schriftstück herzustellen. Ein ordnungsgemäß ausgestellter Schlachtsteuerbescheid ist eine öffentliche Urkunde; aber die Angaben des Bescheids, worauf sich die Veranlagung gründet, sollen nur dartun, von welchen Annahmen die Veranlagungsbehörde ausgegangen ist, sind dagegen nicht dazu bestimmt, für und gegen jedermann zu beweisen, daß die angenommenen Tatsachen richtig sind. Ein Schlachtsteuerbescheid beweist nicht, daß die Tiere, die er als gewogen bezeichnet, wirklich gewogen worden sind und daß die in ihm enthaltenen Gewichtsangaben richtig sind. (V, 3. November 1938.)

Amtl. Sammlg. S. 377—378.

Vgl. Bd. 52 S. 269; JW. 1938 S. 794.

129. Sondergericht. Verweisung. (StPO. § 270.) Eine Tat, für die nach dem Gesetz zur Abwehr politischer Gewalttaten das Sondergericht zuständig war, wurde vom Schwurgericht abgeurteilt. Da im Verhältnis zwischen den ordentlichen Gerichten und diesen Sondergerichten, die nicht nur nach ihrem Namen, sondern auch nach ihrem Wesen außerhalb der ordentlichen Gerichtsbarkeit stehende besondere Gerichte sind, keine Verweisung möglich ist, hätte das Schwurgericht das Verfahren einstellen sollen. Das Reichsgericht hatte sich mit diesem Mangel zu befassen, obwohl er in der Revision nicht gerügt worden war. Die Aufgabe des Revisionsgerichts besteht bei Verfahrensvoraussetzungen nicht ausschließlich in der Prüfung, ob das Untergericht einen Verstoß begangen hat, sondern vor allem in der Prüfung der Frage, ob das Revisionsgericht selbst berechtigt ist, in der Sache zu entscheiden. Im gegebenen Falle hatte die Anklagebehörde des zuständigen Sondergerichts die Untersuchung an die Staatsanwaltschaft beim ordentlichen Gericht zur weiteren Behandlung abgegeben. Damit stand nicht nur fest, daß nunmehr das Revisionsgericht im Rahmen der ordentlichen Gerichtsbarkeit zu Recht in der Sache entscheiden durfte; vielmehr war auch der Mangel geheilt, der dem bisherigen Verfahren anhaftete. (V, 3. November 1938.)

Amtl. Sammlg. S. 378—380.

130. Hehlerei. Verheimlichen. Unterschlagung. (StGB. §§ 246, 259.) Gestohlenes Silber war an einen Händler verkauft worden; daß er die Herkunft des Silbers kannte oder nach den Umständen annehmen mußte, konnte nicht nachgewiesen werden. Als ein Polizeibeamter nachfragte, leugnete er den Besitz des Silbers ab. Das Landgericht

sprach ihn von der Anklage der Hehlerei frei, weil zum Verheimlichen der Wille gehöre, den vom Vortäter geschaffenen rechtswidrigen Zustand im ausdrücklichen oder stillschweigenden Einverständnis mit ihm aufrecht zu erhalten, wovon nach Lage der Dinge nicht die Rede sein konnte. Das Reichsgericht hob das Urteil auf. Zwar ist die Rechtsprechung bisher davon ausgegangen, daß ein Verheimlichen im Sinne des Tatbestandes der Hehlerei nur vorliege, wenn es im Einverständnis mit dem Vortäter geschehe; irrig war aber die Meinung des Landgerichts, ein solches Einverständnis könne nicht bestehen oder vorausgesetzt werden, wenn der Täter mit dem Ableugnen des Besitzes nur seine eigenen Belange verfolge. Zum Tatbestand der Hehlerei gehört ja eben, daß der Täter seines Vorteils wegen handelt, während nicht erforderlich ist, daß er auch das Interesse des Vortäters wahrt. Die Hehlerei steht ihrem Wesen nach in einem solchen inneren Zusammenhang mit der Vortat, daß der Hehler im Einverständnis mit dem Vortäter dessen Tat, die darin besteht, dem Eigentümer die Sache widerrechtlich zu entziehen, fortsetzt. Das Einverständnis des Vortäters kann der Täter voraussetzen, bis dessen entgegenstehender Wille, daß die Sache wieder in die Verfügungsgewalt des Berechtigten gebracht wird, bekannt wird. Falls Hehlerei nicht nachgewiesen werden konnte, war zu prüfen, ob in dem Ableugnen nicht eine Unterschlagung zu erblicken war. (III, 7. November 1938.) Amtl. Sammlg. S. 380—382.
Vgl. Bd. 5 S. 252; Bd. 33 S. 120; Bd. 47 S. 241; Bd. 51 S. 159; Bd. 54 S. 280; Bd. 57 S. 159; Bd. 71 S. 50.

131. Notwehr. Verteidigung. Uniform. (StGB. § 53.) Ein ᛋᛋ-Mann in Uniform wurde auf der Straße von mehreren Männern angegriffen, die ihn beschimpften und bedrohten, auch tätlich gegen ihn vorgingen. Er zog seinen Dolch und stach mit diesem zu. Die Grenze der zulässigen Notwehr war damit nicht überschritten. Das Schwurgericht hatte allerdings festgestellt, daß er die Möglichkeit gehabt habe, sich mit den Fäusten erfolgreich zu verteidigen. Der Angeklagte hatte aber das Ansehen seiner Uniform zu wahren; er durfte den Volksgenossen nicht das Schauspiel einer öffentlichen Balgerei bieten. (V, 14. November 1938.) Amtl. Sammlg. S. 383—384.
Vgl. Bd. 53 S. 132; Bd. 61 S. 216; Bd. 69 S. 179.

132. Rassenschande. Tatort. (StGB. §§ 2, 3, 4; BlutSchG. §§ 2, 5.) Ein Mädchen deutschen Blutes, das ein Liebesverhältnis mit einem Juden unterhielt, verlegte im Juni 1935 auf unbestimmte Zeit ihren Wohnsitz in die Tschechoslowakei. Ihr Liebhaber besuchte sie dort häufig; regelmäßig kam es dabei zum Geschlechtsverkehr. Gegen seine Verurteilung wegen Rassenschande wandte er ein, die Taten seien im Ausland begangen worden. Seine Revision hatte keinen Erfolg. Die Tat wird im strafrechtlichen Sinne da begangen, wo entweder der Täter die den strafbaren Erfolg herbeiführende Tätigkeit entfaltet hat oder wo der strafbare Erfolg, die Verletzung oder Gefährdung des Rechtsguts, eintritt, dessen Schutz die Strafvorschrift zu dienen bestimmt ist. Das Blutschutzgesetz will, wie schon sein Name sagt, das im deutschen Volke kreisende, zu ständiger Vermischung bestimmte Blut als einen lebendigen Organismus schützen; die Zusammenfassung des deutschen Volkes, der Rasse, zu einer blutgebundenen Einheit ist der Grundgedanke und Ausgangspunkt des Gesetzes. Daraus folgt zwingend, daß das deutsche Staatsvolk als blutmäßig einheitlicher Organismus regelmäßig unmittelbar verletzt oder gefährdet wird, wenn an einem seiner Glieder, nämlich einer Staatsangehörigen deutschen Blutes Rassenschande begangen wird. Ob das auch dann zuträfe, wenn die deutsche Staatsangehörige ihren Wohnsitz dauernd in das Ausland verlegt hat und dem Deutschtum völlig entfremdet ist, konnte unerörtert bleiben, da die Übersiedlung des Mädchens in das Ausland nur vorübergehend gedacht war, ebenso, ob auch ein ausländischer Jude strafbar wäre, der im Ausland außerehelich mit einer deutschen Staatsangehörigen verkehrt. (IV, 14. Oktober 1938.) Amtl. Sammlg. S. 385—387.

Vgl. Bd. 72 S. 91.

133. Jagdrecht. Jagdfolge. Falsche Anschuldigung. Vorteil. Strafantrag. Schriftform. Beglaubigte Abschrift. (JagdG. §§ 31, 35, 40, 56, 57, 58, 60, 61, 62; StGB. §§ 40, 76, 164, 187, 292, 295; StPO. § 158.) Ein Gutsbesitzer, der auf seiner Feldmark die Jagd ausüben durfte, gab in der Nacht zum 16. Dezember 1937 auf einen Hirsch einen Schuß ab. Das angeschossene Wild flüchtete in den anstoßenden Staatsforst und ging dort ein. Zwischen dem Gutsbesitzer und den Forstbeamten war ein schriftlicher

Vertrag über Jagdfolge nicht geschlossen worden; es bestand auf Grund mündlicher Vereinbarung die Übung, daß vor Ausübung der Jagdfolge der jagdberechtigte Nachbar verständigt wurde. Im vorliegenden Falle wurde das Wild ohne Verständigung der Forstbeamten abgeholt. Damit war der Tatbestand der unberechtigten Jagdausübung erfüllt; ob die mündliche Vereinbarung rechtswirksam gewesen wäre, konnte dahingestellt bleiben. Das Landgericht hatte neben der Freiheitsstrafe auch auf Einziehung des Geweihs des Hirsches erkannt. Das Reichsgericht bemerkte dazu, daß diese Anordnung nicht nach § 40 StGB. getroffen werden konnte, weil gewildertes Wild nicht durch ein vorsätzliches Verbrechen oder Vergehen hervorgebracht ist, auch nicht nach § 295 StGB., wo eine Einziehung des erlegten Wildes nicht erwähnt ist; im Falle einer Verurteilung wegen unberechtigter Jagdausübung ist auch eine Einziehung nach § 61 RJagdG. nicht zulässig. Dagegen konnte eine solche in Frage kommen, wenn der Hirsch nach dem Abschußplan nicht geschossen werden durfte; das verbotene Abschießen stand dann zu der unberechtigten Jagdausübung in Tatmehrheit. Der Hirsch war zwar erst im fremden Jagdgebiet verendet, der Einziehungsanspruch war aber schon mit dem Schuß entstanden, der das Verenden zur Folge hatte. Auf der Feldmark des Angeklagten befanden sich zwei Kartoffelhaufen, die wegen eingetretenen Frostes nicht mehr rechtzeitig hatten abgefahren werden können. Das Wild, das aus Mangel an Nahrung aus dem Forst austrat, kam zahlreich zu den Kartoffelhaufen und wurde dort vom Angeklagten abgeschossen. Nach Lage der Sache waren die Kartoffelhaufen als Fütterungen des Wildes anzusehen, wenn sie auch nicht dazu bestimmt waren. Das Abschießen des Wildes erfüllte also den Tatbestand einer Übertretung gegen die §§ 35, 60 RJagdG. Als der Angeklagte von einem Polizeibeamten zur Rede gestellt wurde, behauptete er wider besseres Wissen, daß der Forstbeamte, der ihn angezeigt hatte, sich Verletzungen seiner Amtspflicht habe zuschulden kommen lassen. Damit war der Tatbestand der falschen Anschuldigung erfüllt, auch wenn der Angeklagte nachträglich seine Behauptungen abzuschwächen suchte; vorausgesetzt war nur, daß er beabsichtigte, ein behördliches Einschreiten gegen den

Forstbeamten wegen Verletzung seiner Amtspflichten herbeizuführen. Wenn der Angeklagte durch sein Vorbringen den Verdacht des Jagdvergehens von sich ablenken wollte, lag darin das Anstreben eines Vorteils. Die vorgesetzte Dienstbehörde des Beamten hatte auch Strafantrag wegen verleumderischer Beleidigung gestellt; der Antrag war aber der Staatsanwaltschaft nur in einer beglaubigten Abschrift zugegangen. Nach der bisherigen Rechtsprechung des Reichsgerichts genügte das nicht, um die vorgeschriebene Schriftform zu erfüllen. Hieran hielt das Reichsgericht nicht mehr fest. Eine beglaubigte Abschrift einer behördlichen Erklärung beweist nicht nur, daß eine entsprechende Urschrift bei der Behörde vorliegt, sondern auch, daß die Abschrift mit dem Willen der Behörde zur unmittelbaren Abgabe der Erklärung an das Gericht (oder die Staatsanwaltschaft) gelangt ist. Damit ist die Schriftform eingehalten. Das Urteil wurde aufgehoben, weil hinsichtlich der Absicht, die der Angeklagte bei seinem Vorbringen verfolgte, Zweifel bestanden. Damit ergab sich die Notwendigkeit, auch die Gesamtstrafe aufzuheben, ebenso die Anordnung der Einziehung des Jagdscheins, die das Landgericht verfügt hatte. Allerdings konnte diese auch auf die Verletzung der §§ 35, 60 RJagdG. gestützt werden, doch stand nicht fest, ob in dieser Hinsicht alle Voraussetzungen gegeben waren. Für die neue Verhandlung wies das Reichsgericht darauf hin, daß zu prüfen war, ob der Angeklagte der Jägerehrengerichtsbarkeit unterstand. (V, 17. Oktober 1938.)

Amtl. Sammlg. S. 387—392.

Vgl. Bd. 34 S. 222; Bd. 48 S. 414; Bd. 54 S. 338; Bd. 57 S. 280; Bd. 61 S. 314; Bd. 70 S. 92; Bd. 71 S. 358.

134. Betriebsführer. Lehrer. Erzieher. Entsprechende Anwendung. (StGB. §§ 2, 174.) Der Leiter der technischen Abteilung eines Betriebes nahm an zwei minderjährigen Arbeiterinnen, die darin beschäftigt waren, unzüchtige Handlungen vor. Er wurde von der Anklage zweier Verbrechen wider die Sittlichkeit freigesprochen mit der Begründung, daß er weder Lehrer noch Erzieher der Mädchen gewesen sei. Das Reichsgericht hob in einem Falle das Urteil auf. Die Arbeiterin war in diesem Falle auf Weisung des Angeklagten in dessen Abteilung angelernt worden. Daß er selbst sie nicht anlernte, machte nichts aus; der selbständige Leiter eines abgegrenzten Teils eines größeren Betriebes hat als der Lehrer der in diesem Betrieb lernenden Personen zu gelten, es sei denn, daß er sich eigener ausbildender Tätigkeit völlig enthalten und diese in ihrer Gesamtheit anderen übertragen hat. Der Angeklagte hatte gelegentlich nachgesehen, wie das Mädchen arbeitete und ihr auch Weisungen gegeben; daß er das im gleichen Maße auch gegenüber ausgelernten Arbeitern tat, erklärte das Reichsgericht für bedeutungslos. Auch als Mann mit überlegenem Können war der Angeklagte mit dem Mädchen in ihrer Eigenschaft als Lernende dauernd persönlich verbunden. Im anderen Falle handelte es sich um ein 19jähriges Mädchen, das zwei Jahre im Betriebe beschäftigt war, ehe ihr der Angeklagte nahetrat. Sie behauptete, sich mit ihm nur deshalb eingelassen zu haben, weil er der Betriebsleiter war und sie im Falle ihrer Weigerung den Verlust ihrer Arbeitsstelle befürchtet habe. Das Landgericht hatte festgestellt, daß der Angeklagte nicht Lehrer oder Erzieher des Mädchens war, hatte aber darauf hingewiesen, daß nach dem Gesetz zur Ordnung der nationalen Arbeit der Führer des Betriebes für das Wohl der Gefolgschaft zu sorgen hat; daraus hatte es gefolgert, daß minderjährige Gefolgschaftsmitglieder gegen Mißbrauch des Abhängigkeitsverhältnisses besonders geschützt werden müßten. Das Reichsgericht erklärte, daß diese Ausführungen nicht hinreichten, um eine ausdehnende Auslegung des § 174 StGB. zu rechtfertigen. Nach der natürlichen Auffassung und nach dem Sprachgebrauch hat der Erzieher die Aufgabe, das Erziehungsrecht in seiner Gesamtheit oder wenigstens im großen und ganzen auszuüben; es umfaßt das Recht und die Pflicht, die gesamte Tätigkeit und Lebensführung des Zöglings zu leiten und zu überwachen. Eine solche Befugnis gegenüber den einzelnen Gefolgschaftsmitgliedern ist einem Betriebsführer auch im nationalsozialistischen Staat nicht übertragen worden. Wohl hat der Betriebsführer nicht nur die durch das Sittengesetz gebotene, sondern auch im Gesetz verankerte Pflicht, sich jeder sittenwidrigen Handlung gegenüber minderjährigen weiblichen Gefolgschaftsmitgliedern zu enthalten; daraus folgt aber nicht, daß er Erzieher solcher Gefolgschaftsmitglieder ist.

Er hat weder das Recht noch die Pflicht noch auch nur die Möglichkeit, die gesamte Tätigkeit und Lebensführung des einzelnen Gefolgschaftsmitglieds zu leiten und zu überwachen, namentlich nicht die Möglichkeit, für dessen sittliche Entwicklung zu sorgen und unsittliche Einflüsse abzuwehren. Auch für eine entsprechende Anwendung des § 174 StGB. fehlte die Grundlage. Durch diese Vorschrift werden nur bestimmte Abhängigkeitsverhältnisse gegen Mißbrauch geschützt. Der Gesetzgeber hat selbst die Grenzen des Schutzes gezogen und eine Erweiterung der dort angeführten Fälle auf anders geartete Verhältnisse ist nicht angängig. Das Jugendschutzgesetz läßt seinen Schutz nur Arbeiterinnen bis zu 18 Jahren angedeihen; es geht also von der Auffassung aus, daß Arbeiterinnen, die dieses Alter überschritten haben, keines weiteren Schutzes bedürfen, als er für volljährige Arbeiterinnen schon besteht. Hienach bestand keine Möglichkeit, den Angeklagten im vorliegenden Falle als Erzieher anzusehen. (I, 21. Oktober 1938.) Amtl. Sammlg. S. 392—397.

Vgl. Bd. 46 S. 344; Bd. 68 S. 20.

135. Gewerbsmäßigkeit. Sammelstraftat. (RennWG. §§ 6, 9.) Die Auffassung, daß mehrere Zuwiderhandlungen gegen das Rennwettgesetz als Sammelstraftat anzusehen seien, weil es sich um ein gewerbsmäßiges Vergehen handle, erklärte das Reichsgericht für rechtlich fehlerhaft. Nach dem Wortlaut der Vorschriften kommt es lediglich darauf an, daß die Tätigkeit gewerbsmäßig ausgeübt worden ist; die Strafbarkeit ist aber nicht davon abhängig gemacht, ob eine Mehrheit von Handlungen dieser Art vorliegt. Jede einzelne Zuwiderhandlung verstößt gegen den Zweck der gesetzlichen Regelung, auch wenn keine Wiederholung feststellbar ist. Der Zweck geht dahin, Wettlustige vor Ausnutzung ihrer Leidenschaft durch unzuverlässige Personen zu schützen. Der wilde Buchmacher soll ausgeschaltet sein. Dieses Ziel würde nicht so vollkommen erreicht werden, wenn die Strafdrohung erst bei dem Nachweis wirksam werden könnte, daß sich die Personen, die ohne Erlaubnis in der verbotenen Weise des Erwerbs wegen tätig werden, aus der verbotenen Tätigkeit schon eine ständige Einnahmequelle erschlossen haben. In wachsendem Maße hat auch das Reichsgericht seine frühere Rechtsprechung über die Sammelstraftat für den

Fall gewerbsmäßiger Begehung aufgegeben. (II, 27. Oktober 1938.) Amtl. Sammlg. S. 397—399.
Vgl. Bd. 63 S. 353; Bd. 72 S. 164, 257, 313; JW. 1938 S. 2270.

136. Tötung auf Verlangen eines Jugendlichen. (StGB. §§ 43, 212, 216, 223 a.) Ein 14jähriges Mädchen stellte an einen Mann das Ansinnen, sie durch Öffnen der Pulsader zu töten. Er willfahrte ihr, doch trat der Erfolg nicht ein. Das Schwurgericht verurteilte ihn wegen gefährlicher Körperverletzung. Das Reichsgericht verwies die Sache zurück. Von einer Tötung auf ausdrückliches und ernstliches Verlangen kann nicht gesprochen werden, wenn das Verlangen von einem Menschen ausgeht, der wegen mangelnder Verstandesreife keine hinreichende Einsicht in die Bedeutung des Rechtsgutes hat, dessen Verletzung er verlangt. So ist in der Rechtsprechung angenommen, daß Mädchen vor Vollendung des 18. Lebensjahres im allgemeinen nicht die erforderliche geistige Reife besitzen, um die Bedeutung der weiblichen Geschlechtsehre genügend zu erfassen. Ebenso ist es als Regel anzunehmen, daß jugendliche Personen unter 18 Jahren noch kein hinreichendes Urteil über Wert und Unwert des Lebens besitzen. Das angefochtene Urteil hatte keine Feststellungen über die geistige Entwicklung des Mädchens getroffen. Für den Fall, daß das Schwurgericht in der neuen Hauptverhandlung zu der Ansicht kam, daß versuchter Totschlag vorlag, erklärte das Reichsgericht es nicht für ausgeschlossen, das Verlangen des Mädchens als mildernden Umstand zu berücksichtigen. (IV, 1. November 1938.)
Amtl. Sammlg. S. 399—400.

137. Jagdvergehen. Gewohnheitsverbrecher. Gewerbsmäßigkeit. Gewohnheitsmäßigkeit. Sammelstraftat. (StGB. §§ 20 a, 292.) Mehrere Fälle gewerbsmäßigen Wilderns waren vom Landgericht als Sammelstraftat beurteilt worden; gleichzeitig war aber bei der Entscheidung darüber, ob der Angeklagte als gefährlicher Gewohnheitsverbrecher anzusehen sei, festgestellt worden, daß er mindestens drei vorsätzliche Taten begangen habe. Das Reichsgericht erklärte es für unzulässig, dieselbe Handlungsweise einerseits als eine Tat und anderseits als eine Mehrheit selbständiger Taten zu behandeln. Bei Jagdwilderei steht die einzelne Tat als solche im Vordergrunde; sie wird nur als besonders strafwürdig angesehen, wenn sie in der Absicht begangen wird, sich mit ihrer Hilfe einen dauernden Erwerb zu schaffen. Das gilt auch für die gewohnheitsmäßige Wilderei; es lassen sich keine durchgreifenden rechtlichen Gesichtspunkte dafür anführen, hier an einer Zusammenfassung zu einer rechtlichen Einheit festzuhalten. (I, 1. November 1938.) Amtl. Sammlg. S. 401—402.

Vgl. Bd. 72 S. 164, 257, 285, 313.

138. Abtreibung. Anstiftung. Beihilfe. (StGB. §§ 48, 49, 218.) Ein Arzt wurde veranlaßt, eine Abtreibung vorzunehmen; der Mann, der ihn dazu veranlaßte, leistete dabei Hilfe. Er wurde wegen Beihilfe zur Abtreibung verurteilt. Das Reichsgericht entschied, daß er auch wegen Anstiftung des Arztes hätte verurteilt werden sollen. Die Auffassung, daß bei mehreren Teilnahmehandlungen an einer fremden Tat nur die umfassendere strafrechtlich in Betracht komme, erklärte das Reichsgericht nicht für anwendbar. Sie war für den Fall der Abtreibung damit begründet worden, daß es sich bei dem bewußten und gewollten Zusammenwirken der Schwangeren und eines anderen zur Tötung der Leibesfrucht im natürlichen Sinne nur um einen gemeinschaftlichen Angriff gegen dasselbe Rechtsgut handle. Das kann nicht ausschlaggebend sein. Zahlreiche Strafgesetze dienen zum Schutze desselben Rechtsgutes, ohne daß deshalb schon gemeinschaftliche Angriffe mehrerer Täter dagegen als Mittäterschaft zu bewerten sind. Das ist nur dann angängig, wenn das Tun Mehrerer, soweit es gemeinschaftlich ist, bereits denselben Tatbestand erfüllt. Daran fehlte es hier. Der Gesetzgeber hat bewußt davon abgesehen, nur einen Tatbestand zu schaffen; er hat den gemeinschaftlichen Angriff im natürlichen Sinne, obwohl es sich um denselben Erfolg, die Beseitigung derselben Leibesfrucht handelt, in zwei voneinander verschiedene Tatbestände zerlegt, um eine Abtreibungshandlung, die sonst nur Beihilfe zu dem Tun der Schwangeren gewesen wäre, als selbständige Straftat zu erfassen. Daraus muß gefolgert werden, daß der Gesetzgeber hier den Grundsatz der Sonderregelung hat zur Geltung bringen wollen. Was unter den Tatbestand des jetzigen § 218 Abs. 2 StGB. fällt, kann deshalb nicht in irgendeiner Form in dem Tatbestande des § 218 Abs. 1 untergebracht werden. Demgemäß enthielt die Tat des Angeklagten rechtlich zwei Teilnahmehandlungen, eine Anstiftung zum Vergehen gegen den § 218 Abs. 2 StGB. und eine Beihilfe zum Vergehen gegen den § 218 Abs. 1 StGB. Die beiden Taten standen untereinander in Tateinheit. Der Grundsatz, daß die geringere Beteiligung in der umfassenderen aufgeht, kommt nur dann in Betracht, wenn verschiedene Arten der Beteiligung an derselben Tat zusammentreffen. (II, 17. November 1938.)

Amtl. Sammlg. S. 402—404.

Vgl. Bd. 57 S. 73; Bd. 59 S. 423; Bd. 64 S. 148; Bd. 70 S. 26, 334, 385.

Gesetzesregister.

Seitenzahlen der amtlichen Sammlung.

1 1—4; **2** 4—6; **3** 6—13; **4** 13—18; **5** 19—20; **6** 20—24;
7 24—26; **8** 26—30; **9** 30—31; **10** 31—33; **11** 33—36;
12 36—44; **13** 44—45; **14** 45—48; **15** 49—50; **16** 50—52;
17 53—54; **18** 55—56; **19** 57—59; **20** 59—61; **21** 62—64;
22 65—66; **23** 66—67; **24** 67—70; **25** 70—73; **26** 73—75;
27 75—77; **28** 77—78; **29** 79—80; **30** 80—82; **31** 82—85;
32 86—87; **33** 87—89; **34** 89—90; **35** 91—96; **36** 96—98;
37 99—107; **38** 107—109; **39** 109—113; **40** 113—118;
41 118—119; **42** 119—126; **43** 126—128; **44** 129—132;
45 132—133; **46** 133—142; **47** 143—145; **48** 146—148;
49 148—149; **50** 149—151; **51** 151—152; **52** 152—155;
53 155—158; **54** 158—161; **55** 161—163; **56** 164—169;
57 169—171; **58** 171—172; **59** 172—174; **60** 174—176;
61 176—182; **62** 182—183; **63** 183—184; **64** 184—186;
65 187—193; **66** 193—197; **67** 198—200; **68** 200—201;
69 201—205; **70** 205—208; **71** 208—211; **72** 211—214;
73 214—216; **74** 216—218; **75** 219—221; **76** 221—224;
77 224—225; **78** 225—226; **79** 226—229; **80** 229—231;
81 231—233; **82** 233—238; **83** 238—239; **84** 239—240;
85 240—246; **86** 246—250; **87** 250—252; **88** 252—256;
89 257; **90** 257—259; **91** 259—260; **92** 260—262;
93 263—264; **94** 264—268; **95** 268—276; **96** 276—284;
97 284—286; **98** 286—289; **99** 289—294; **100** 295—296;
101 296—300; **102** 300—302; **103** 302—307; **104** 307—313;
105 313—317; **106** 317—320; **107** 321—322; **108** 322—324;
109 324—325; **110** 326; **111** 326—329; **112** 329—339;
113 339—344; **114** 345; **115** 345—346; **116** 347—349;
117 349—352; **118** 352—353; **119** 353—355; **120** 356—359;
121 359—361; **122** 362—363; **123** 363—369; **124** 369—371;
125 371—372; **126** 372—375; **127** 376—377; **128** 377—378;
129 378—380; **130** 380—382; **131** 383—384; **132** 385—387;
133 387—392; **134** 392—397; **135** 397—399; **136** 399—400;
137 401—402; **138** 402—404.

Sachregister.

FSC
www.fsc.org
MIX
Papier | Fördert
gute Waldnutzung
FSC® C083411

Kolibri 360 GmbH
Ferdinand-Jühlke-Straße 7
99095 Erfurt, Deutschland
produktsicherheit@kolibri360.de

Reichsgerichts-Entscheidungen

in kurzen Auszügen

Strafsachen Band 72

1940

J. Schweitzer Verlag, Berlin und München

Printed in Germany

Druck von Dr. F. P. Datterer & Cie., Freising-München.